文明互鉴文库
初识中华文化基因丛书

陆海书系
LANDSEA

中希文明互鉴中心
西南大学汉语言文献研究所 组编

殷墟甲骨

从安阳走向世界的中国名片

闫佳琳 编著

西南大学出版社
国家一级出版社 全国百佳图书出版单位

图书在版编目(CIP)数据

殷墟甲骨：从安阳走向世界的中国名片 / 闫佳琳编著. -- 重庆：西南大学出版社，2025.1
ISBN 978-7-5697-2295-6

Ⅰ.①殷… Ⅱ.①闫… Ⅲ.①甲骨文—研究 Ⅳ.
①K877.14

中国国家版本馆CIP数据核字(2024)第030150号

殷墟甲骨：从安阳走向世界的中国名片
YINXU JIAGU:CONG ANYANG ZOUXIANG SHIJIE DE ZHONGGUO MINGPIAN

闫佳琳 编著

责任编辑：张昊越
责任校对：李晓瑞
装帧设计：殳十堂_未 氓
排　　版：王 兴
出版发行：西南大学出版社（原西南师范大学出版社）
　　　　　地址：重庆市北碚区天生路2号
　　　　　邮编：400715
经　　销：全国新华书店
印　　刷：重庆市圣立印刷有限公司
成品尺寸：145mm×210mm
印　　张：7.375
字　　数：175千字
版　　次：2025年1月　第1版
印　　次：2025年1月　第1次印刷
书　　号：ISBN 978-7-5697-2295-6
定　　价：45.00元

"文明互鉴文库"编辑委员会

主 任

崔延强

委 员（按姓氏笔画排列）

王本朝 王牧华 文 旭 邹芙都 张发钧
孟蓬生 赵国壮 徐松岩 郭美云 冀开运

丛书序

崔延强

在人类文明的浩瀚星空中,有两颗璀璨的明星,一颗在东方,一颗在西方,相映成趣,熠熠生辉。在东方的叫作中华文明,在西方的叫作希腊文明。中希两大文明以同样深厚的文化底蕴和特色鲜明的文化基因,为人类文明的发展做出了不朽的贡献。

不同文明的交流互鉴是推动人类文明进步和世界和平发展的重要动力。中希两大文明的交流互鉴,乃至于后续即将开展的中西文明互鉴,对于保持人类文明的多样性和构建人类命运共同体具有重要意义。为了让更多的人了解五千年的中华文明史并感受中华文化的独特魅力,深入推进中希文明交流互鉴,我们特别推出"初识中华文化基因"丛书,作为"文明互鉴文库"的一个系列。该丛书还得到中共重庆市委宣传部的大力支持,并收录于"陆海书系",在此表示诚挚的感谢!

丛书首批共有七册,内容围绕文字本体、文字的物质载体、书法艺术、文字的文化内涵展开,涵盖了甲骨占卜材料、青铜器及其铭文、简帛文献、出土秦汉法律文书、简帛数术文化、石刻书法艺术和纳西哥巴文等多个方面。这些内容不仅是对中国传统文化的深入挖掘,更是对中华文化基因的细致解读。

在甲骨占卜材料中,我们将带您领略古人如何借助神秘的龟甲兽骨来探寻天地之间的奥秘;在青铜器及其铭文中,我们将揭示那些精美的青铜器背后所蕴含的历史沧桑;在简帛文献中,我们将带您穿越时空,感受古人的智慧与才情;在出土秦汉法律文书中,我们将解读那些千年前的法律文书所揭示的社会风貌;在简帛数术文化中,我们将揭示古人如何运用数术来认识世界、预测未来;在石刻书法艺术中,我们将带您欣赏那些刻在石头上的书法艺术,感受中华文字的魅力与力量。此外,我们还将对纳西哥巴文进行概述和研究,探讨这一古老的纳西族文字与汉族文化的交流与融合。

这套丛书的内容深入浅出,语言通俗明快,适合国内各个年龄层次的读者,也适合国外研究汉学的专家和学习汉语的外国留学生。无论您是文化爱好者、历史研究者,还是对中华文化感兴趣的普通读者,都能够在这套丛书中找到属于自己的乐趣并有所收获。

我们期待这套丛书能够成为中希文明互鉴的一座桥梁,促进不同文化之间的交流与融合,推动人类文明的共同进步和世界的和平发展。

让我们从这套丛书开始共同踏上探寻中华文化基因的旅程吧!

甲骨文是中国目前所见的最早的成系统的文字,大多为商代后期所使用,距今已有三千余年的历史。这些契刻在龟甲、兽骨上的文字,记录着商代人衣食住行、占卜祭祀、战争田猎以及社会生产的方方面面,承载着古老中国的文化基因。

1899年,甲骨文一经发现,即震惊世界。甲骨文的发现具有划时代的意义,它证实了商王朝的存在,将我国有文字记载和实物验证的历史提前了1000多年,是我国文化自信的坚实依傍。殷商甲骨文与敦煌石室经卷、西北流沙坠简、明清大内档案并称中国近代文化史料的四大发现。2017年,甲骨文成功入选"世界记忆名录"。2019年,习近平总书记在致甲骨文发现和研究120周年的贺信中说:"甲骨文是迄今为止中国发现的年代最早的成熟文字系统,是汉字的源头和中华优秀传统文化的根脉,值得倍加珍视、更好传承发展。"

自甲骨文发现至今,已有120余年。在此期间,无数学者皓首穷经,致力于甲骨研究,并取得了相当丰硕的成果。根据现有资料,已出土的甲骨片数量约为16万片,这些甲骨片上记录了约4500个单字。经过学者们的研究与解读,已成功释读出1000余个甲骨文字。

随着物质生活水平的提高,社会大众的文化自觉、文化自信得到了空前的提升。人们对汉文字的重视与日俱增,殷商甲骨文化日益受到大众的关注,社会兴起了学习甲骨文的热潮。为了引导大众更好地了解、学习甲骨文,我们根据甲骨文目前的研究成果,编写了这一部图书。

该书的内容分为两编。第一编,我们将带领大家回顾甲骨发现时的震撼,探秘商人的占卜之法,简要了解甲骨学的研究成果。甲骨文作为汉字的源头,和我们现在使用的汉字是一脉相承的。甲骨文一半左右是象形文字,即描绘物象以成字。有些常用字是生动易识的。学习甲骨文字,我们会不由得感叹古人巧妙的思维。在第二编,我们将借助一个个生动形象的甲骨文字,详细讲解卜辞内容,去追寻商人的生活足迹,领略汉字之美。

本书甲骨文字的说解内容主要基于前辈学者的研究成果,为避行文繁冗,未一一具引,在此表示感谢,并致歉意。

为了通俗易懂,本书引用的卜辞,在不影响原意的情况下,直接采用本字和通行字。卜辞中的"□"表示缺一字,"…"表示所缺之字数目不详,"[ ]"内文字为根据卜辞内容所补充的字。

本书所引用的甲骨著录书,一般以简称代替全称,如《甲骨文合集》在文中写作《合集》,其他著录简称及其全称见下表。引用著录的甲骨片号时,采用"书名简称+片号"的形式,如《合集》1,即为《甲骨文合集》所著录的第一片甲骨。

引用甲骨文著录书简称表

简称	全称
《合集》	《甲骨文合集》
《合补》	《甲骨文合集补编》
《屯南》	《小屯南地甲骨》
《村中村南》	《殷墟小屯村中村南甲骨》
《英藏》	《英国所藏甲骨集》
《怀特》	《怀特氏等收藏甲骨文集》
《花东》	《殷墟花园庄东地甲骨》
《拼集》	《甲骨拼合集》
《醉古集》	《醉古集——甲骨的缀合与研究》
《契合》	《契合集》
《缀合》	《甲骨缀合集》
《乙补》	《殷虚文字乙编补遗》

目录

第一编 龟甲兽骨——发现甲骨文的奥秘　/ 001
一、甲骨文发现之旅　/ 003
二、甲骨的整治和贞问　/ 021
三、甲骨的分类和形态　/ 037
四、甲骨学的开创　/ 052

第二编 甲骨文字——走进商代生活的钥匙　/ 059
一、等级森严的商代阶层　/ 061
二、奇妙的人体器官　/ 071
三、商人的生活图景　/ 079
四、繁忙的劳作活动　/ 088
五、丰富的动作行为　/ 096
六、完备的职官系统　/ 108
七、商人的庇护之所　/ 116
八、精巧的物品工具　/ 124
九、常见的动物　/ 135

十、常见的植物　　　　　　　　　　/ 144

十一、山川地理　　　　　　　　　　/ 146

十二、经纬四方　　　　　　　　　　/ 150

十三、日月星辰　　　　　　　　　　/ 155

十四、缤纷色彩　　　　　　　　　　/ 163

十五、占卜和祭祀　　　　　　　　　/ 166

十六、祖先与鬼神　　　　　　　　　/ 173

十七、吉凶祸福　　　　　　　　　　/ 181

十八、金戈铁马　　　　　　　　　　/ 185

十九、一天内的时段　　　　　　　　/ 197

二十、干支纪日　　　　　　　　　　/ 206

二十一、月份　　　　　　　　　　　/ 212

二十二、两季与纪年　　　　　　　　/ 214

二十三、过去、现在与未来　　　　　/ 217

二十四、从"个"到"万"的计数　　　/ 220

第一编

龟甲兽骨

——发现甲骨文的奥秘

甲骨文是我国现存最早的较为成熟的文字系统，它的发现是震惊海内外的大事！

地不爱宝。1899年，一片片刻有神秘符号的骨头引起了人们的注意，本是偶然的一瞥，却引出了一个沉睡已久的古老王朝——商王朝。从此，埋藏数千年的甲骨文字逐渐被人们所认识，一门新兴的学问"甲骨学"也在悄然升起。

在时局混乱的年代里，甲骨这一珍贵文物的出土和收藏历经艰辛。早期的甲骨学者在家国动荡、信息不便的条件下，筚路蓝缕，对甲骨进行收集与研究，有发凡起例之功，为后期甲骨学的全面发展奠定了基础。在前贤的努力下，目前我们已经可以基本了解甲骨文的内容，对横跨三百年、数量众多的甲骨文进行分类，描摹出遥远的商人神秘的占卜场景。

商人把甲骨看作与上天沟通的灵物，他们在得到龟甲和兽骨之后，心怀虔诚地对其进行处理修治，问出心中的疑惑，传达给神灵，并有规律地将内容刻写下来。

在这一编内容中，我们将讲述甲骨文发现始末，了解甲骨的占卜与分类，带领大家初步认识甲骨文，走进甲骨文的世界。

第一编 龟甲兽骨——发现甲骨文的奥秘

一、甲骨文发现之旅

1. 甲骨文是什么？

提起甲骨文，大家或许并不陌生。甲骨文是刻写在龟甲和兽骨上的文字。所用龟甲一般是乌龟的腹甲，极少数使用背甲。所用兽骨主要是牛肩胛骨，还有少量的鹿骨、犀牛骨、虎骨等。

甲骨文是我们现在能够看见和利用的最早的成系统的文字体系，是现代汉字、现代汉语目前能够追溯的最早源头，是灿烂的中华文化宝库中的珍品。

目前发现和发掘的甲骨主要是商朝中后期（公元前14世纪至公元前11世纪）遗留下来的珍贵文物和历史材料，是殷商时期"盘庚迁殷"到商末纣王亡国之间的产物，历时270余年。使用甲骨来占卜的传统延续的时间很长，西周时期使用的甲骨仍然有出土。

商朝是社会发展进程的初步阶段，面对难以解释的自然人事，商人便会求诸神灵。商人遇事皆卜，甲骨文所记录的内容多为卜辞，也就是商人占卜的记录，因此甲骨刻辞又被称为卜辞。但甲骨文除了卜辞外，亦有一定数量的记事刻辞：记录贵族或其他方国向商王贡纳的情况；或刻写纪日的干支表，类似于现在的日历；或刻写家族之人名，类似于现在的家谱；或将田猎、战争所得功绩刻写在甲骨上，用以铭功旌绩。

甲骨文为意音文字，象形程度高。传说仓颉造字之初，依照物体的形体描绘其图形，称之为"文"，其后在形体上增加声符，称之为"字"。《说文解字·叙》言"仓颉之初作书，盖依类象形，故谓之文。其后形声相益，即谓之字"。甲骨文虽说已是成熟的文字体系，但仍保留着一定的原始性、象形性，有些字如"车（ ）""马（ ）"等，与所指之物十分相像。

甲骨文是世界上唯一一种"繁衍"至今，尚无中断的古文字，具有强大的生命力。世界上有着悠久历史，独自产生的古文字均为意音文字，有中国的甲骨文、古巴比伦的楔形文字、古埃及的圣书字、美洲玛雅人的玛雅文字。

> 楔形文字

楔形文字，又称"钉头字"，是由居住于西亚两河流域的苏美尔人所创，距今大约6000年。苏美尔人用坚硬的苇秆、骨头或木料，将文字压刻在泥版之上，字体呈现尖角，像用钉子所刻，被称为"楔形文字"。楔形文字在当时是两河流域的通用文字，在其后的流传过程中，逐渐演变成表音文字，丧失了原貌。

圣书字由生活在非洲北部、尼罗河流域的古埃及人所创，距今已有5000余年。古埃及人将他们所写的文字称为"神的语

第一编　龟甲兽骨——发现甲骨文的奥秘

言",视为与神沟通的符号。我国文字学家周有光将其称为"圣书字",并指出圣书字包含三种字体:碑铭体、僧侣体、人民体。① 碑铭体主要铭刻在墙壁、石碑上,记录王事与宗教祭祀,庄严而神圣,雕刻细致精美。

> 古埃及圣书字

僧侣体和民书体主要用芦苇笔书写在莎草纸上。僧侣体记录商业文书和日常书信,为实用性文体,书写洒脱,笔意潇洒,近似草书。人民体为僧侣体的进一步简化,为人们记录日常生活所用。5世纪,圣书字已无人使用。7世纪,阿拉伯人入侵埃及,埃及文化遭受重创,语言文字被替代,圣书字沉睡在历史长河中。如今,我们只能从古埃及文明遗址中窥探其存在的痕迹,在文字学者的指引下,探寻古埃及文化。

玛雅文字是美洲原住民,居住在玛雅低地(指现在墨西哥的尤卡坦半岛以及危地马拉和伯利兹的邻近地区)的玛雅人(生活在这一地区的众多族群的总称)使用的意音文字,主要刻于玉器、

> 玛雅文字

庙宇墙壁、石碑上,用以记录君王政绩以及王国历史,距今有2000年的历史。300年前后,玛雅地区建立起了大大小小的邦

---
① 周有光:《比较文字学初探》,语文出版社,1998年,第94–111页。

国,文化、经济都随之发展。在漫长的历史岁月里,人口逐渐增加,资源变得短缺,为了争夺资源,各地战争频仍,多年建立起的繁荣渐渐倒塌,玛雅文明开始衰落。仅使用于该地区的玛雅文字也淡出公众视野。16世纪,西班牙殖民者踏足这片土地,面对石碑上所遗留下的文字符号,却已无人知晓其意了。

玛雅文字字形方正,以动物之形或人的身体之形为构字元素,书写手法与绘画相近,装饰性强,具有艺术美感。

在历史演进的洪流中,除甲骨文外的其他三种文字体系都逐渐消失了,但甲骨文随着时代的发展,经由金文、战国文字、篆文发展到隶书、楷书,和我们目前使用的汉字是一脉相承的。绵延不绝的汉字体系串联起中华文明的前世今生,凝聚成每一位中华儿女坚定的文字自信。甲骨文是汉字的起源,是生生不息的民族文化的根脉。

> 《合集》22384龟腹甲正面图片(摄于中国国家博物馆)。龟腹甲就是龟爬行时靠近地面的那一面。一般把刻字的这一面视作"正面"。

第一编 龟甲兽骨——发现甲骨文的奥秘

> 《花东》444龟腹甲反面图片(中国社会科学院考古研究所编著：《殷墟花园庄东地甲骨》，云南人民出版社，2003年，第1474页)。一般把有钻凿窠臼痕迹的一面视作反面。

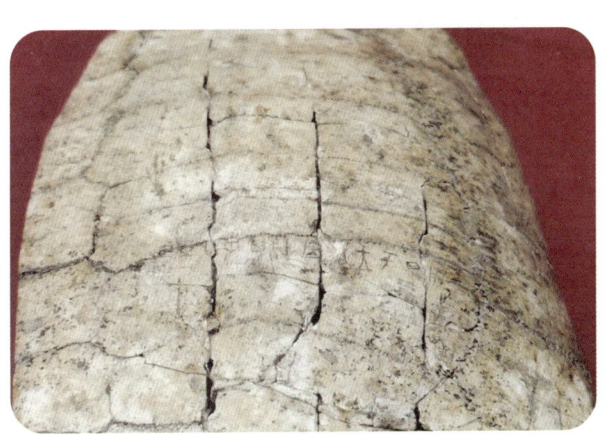

> 《花东》297，龟背甲图片。龟背甲就是龟爬行时朝天的那一面。龟背甲呈中间突出倒扣的盆状，平整度较差，不便于刻写。如果要用来刻写的话，一般要将其沿中线分为两半。

> 《合集》33747，完整的牛肩胛骨正面图片（摄于国家典籍博物馆）。牛骨磨损严重，其上刻写众多卜辞，贞问是否会下雨。

> 《合集》137正，牛的肩胛骨图片（摄于中国国家博物馆）。该版甲骨为卜旬卜辞，记录了关于奴隶逃亡的事件。文字雄伟整饬，并用朱砂对文字进行描绘。甲骨研究学者认为被涂朱的刻辞多为重要的内容，是商王极其关注的事情。

> 《村中村南》452，牛的肩胛骨反面图片（中国社会科学院考古研究所编：《殷墟小屯村中村南甲骨》，云南人民出版社，2012年，第580页）。这片的反面也刻有不少文字。

第一编 龟甲兽骨——发现甲骨文的奥秘

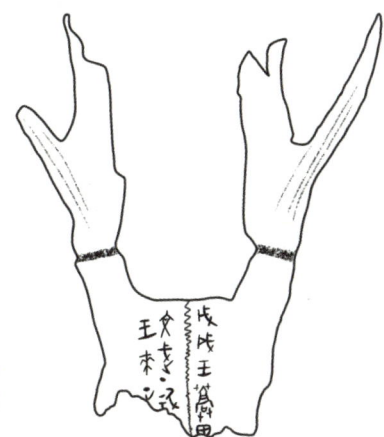

>《合集》36534摹本,鹿头骨刻辞,出土较少,目前仅发现两片。

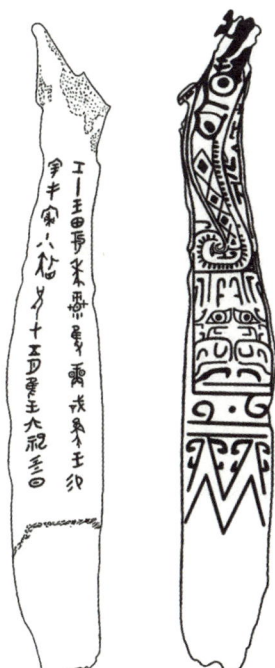

>《合补》11299摹本,野牛骨,骨上记载了王田猎时擒获野牛,并将其赏赐给宰丰一事。这片甲骨上装饰有美丽的龙纹、反饕餮纹、云纹和三角纹,可谓是一件精美的艺术品。

> 《怀特》1915摹本,虎骨,骨上记载了商王捕获大虎之事,文字全用工笔、复笔,美观、洒脱。

2. 一片甲骨惊天下

关于甲骨文的发现,最为人所知的是一个有趣的故事。

甲骨在地下沉睡了数千年,却始终不为人知。然而,一次简单的意外却让它浮现在世人的眼前。

生活在河南安阳小屯村的村民在耕地犁土时常常会在土地里发现一些骨头,且有些骨头上面刻有像画一样、难解的符号。村民们只知这些是年代久远的动物骨头,为了贴补家用,

第一编 龟甲兽骨——发现甲骨文的奥秘

他们把这些骨头当作一味中药材"龙骨"(主要为大型哺乳动物,如马类、象类、鹿类、牛类等骨骼化石)售卖到药铺中,一斤可得几钱。为了便于出售,有人甚至将甲骨上的符号用刀刮削掉。

直到1899年,时任国子监祭酒的王懿荣,在生病抓药时偶然发现名为"龙骨"的中药材上面有奇怪的刻画符号。王懿荣熟读经史,学识广博,擅金石之学。对金文有所研究的

> 中药材"龙骨"

他敏锐地发现了这些符号的不同寻常之处。这些符号从未有人见过,但与青铜器物上的文字有相似之处,他意识到这可能是比金文更古老的一种文字。有了这一惊天的发现,他便着手出高价收购各个药铺中带字的"龙骨"。

王懿荣高价收购"龙骨"一事引人注目。如果仅仅是普通的中药材,为何要花费如此多的金钱去收购呢?负责向药房兜售"龙骨"的商人们意识到了商机,他们敏锐地察觉到或许这些带有不明符号的骨头并非"龙骨",而是极有价值的文物。于是,古董商人开始大量地在这些骨头的出土地——安阳收购甲骨,再转卖给王懿荣。

王懿荣从山东籍古董商人范氏手中陆续收购了1000余片甲骨。罗振常在《洹洛访古游记》中记录了范氏商人向王懿荣

兜售甲骨之事："某年有东估范兆庆者,跑乡（来自山东的古董商人白天在小屯村四处搜寻甲骨,谓之跑乡）至小屯,索土中发掘物。土人（即村民）问其种类,则曰有字者皆可。因以骨示之。范虽不知其名,然观其刻画颇类古金文,遂悉购之。""后村人得骨,均以售范,范亦仅售与王文敏公,他人无知者。"①

> 王懿荣

王懿荣在有条不紊收集甲骨之时,却不幸突逢巨变。1900年,八国联军侵华,王懿荣于危难之际,被任命为京师团练大臣,负责京师练兵和防守。面对异邦侵略,他奋力镇守于北京东便门,但因实力悬殊,终至京师溃败,城门失守。抱着宁为玉碎不为瓦全的信念,王懿荣携妻子与长媳投井身亡,以身殉国。王懿荣尚未来得及研究其极尽心力收集的甲骨就溘然长逝。王懿荣去世后,其家中陷入困窘,难以为继,其子王翰甫变卖文物以偿还债务,将父所收集甲骨大多数卖给刘鹗。

王懿荣凭借金石学问的积淀,偶然间得见古老的甲骨文字,第一次揭示了甲骨文的学术价值,使埋藏千年的甲骨文重放异彩。甲骨文的发现本为岁月长河中的一瞬,却叩开了甲骨学的大门。它的发现证明了商王朝的存在。文字学、历史学等多个学科,以及海内外都为之震颤,正所谓"一片甲骨惊天下"！

---

① 罗振常:《洹洛访古游记》,河南人民出版社,1987年,第21页。

在王懿荣发现甲骨的不同寻常之时,天津的王襄和孟定生等学者亦逐渐认识到甲骨的价值,开始收购甲骨,他们亦是较早发现并收藏甲骨的学者,对早期的甲骨收藏鉴赏之功起到了重要的作用。

刘鹗是清末著名的小说家,曾撰写讽刺清末官场丑态的小说《老残游记》。他在甲骨搜集整理上亦厥功至伟。刘鹗购买了王懿荣所藏甲骨,后又多方搜求,煞费苦心,共收集到5000余片甲骨,并选取其中1058片,著录成书为《铁云藏龟》。

《铁云藏龟》是我国第一部甲骨著录书,它使得甲骨不再是收藏家手里的高不可攀的文物,而变成可供研究的历史文献资料,使得越来越多的学者开始关注和认识甲骨。

3. 甲骨重见天日

最初,收藏家和金石学家大多经由古董商人收集甲骨。为了把持财路,垄断甲骨买卖,古董商将甲骨出土地谎称为河南汤阴。当时不少甲骨收藏家都对此深信不疑,他们屡次前往汤阴,却一无所获,无功而返。刘鹗在《铁云藏龟》自序中就曾言甲骨出土于"河南汤阴县属之古牖里城"。

著名的古文字学家罗振玉在刘鹗家中得见甲骨实物,对其产生了极大的兴趣,便着手收购甲骨。随着对甲骨的研究加深,他对出土地汤阴产生了疑问,经过多方打听,他最终正确地将出土地确定为河南安阳的小屯村。

罗振玉意识到"宝物之幸存者有尽,又骨甲古脆,文字易灭,今出世逾十年,世人尚未知贵重,不汲汲搜求,则出土之日即澌灭之期"①。他前后从古董商手中收购甲骨一万余片,又遣弟弟罗振常和妹父前往殷墟,实地探求,搜求甲骨两万片。罗振常所作的《洹洛访古游记》详细地讲述了他们在小屯村收买甲骨的各种情形。

甲骨文是世界性的文化遗产。甲骨文的发现受到海内外的关注,来自世界各地的汉学家也纷纷加入甲骨收购的行列中,如美国的库寿龄、方法敛,日本的林泰辅,加拿大的明义士,等等。他们在后来将所收甲骨选片拓出,一定程度上推动了甲骨学的发展,但也加速了甲骨片流散海外的步伐。

收购甲骨者日盛,甲骨售价逐渐攀升。由于售卖甲骨获利极高,挖掘甲骨便成了当地村民重要的维生手段,民间私挖乱掘之风盛行。

民间私掘行为多以谋利为目的,村民随意挖坑掘土,不注重保护出土地,忽视地层与伴出器物,缺少出土记录。那些同甲骨一起出土的其他古器物,其价值同样重要,而村民只知"甲骨"可以卖钱,对其余看似普通的文物便随意丢弃,以致毁损,可谓是"所得者一,所损者千矣"。自1899年到1928年,将近三十年的时间里,通过私挖乱掘所出的甲骨数量高达十万余片。②中国文化的瑰宝都流入外人之手,大量甲骨片遭到破

---

① 罗振玉:《〈殷虚书契前编〉自序》,《甲骨文研究资料汇编(全二十册)》(第二册),国家图书馆出版社,2008年,第5—8页。
② 胡厚宣:《殷墟发掘》,复旦大学出版社,2017年,第36、45页。

第一编 龟甲兽骨——发现甲骨文的奥秘

坏,或散佚,或流失海外,使这一珍贵历史遗物遭到了严重的破坏。

20世纪初,西方近现代科学技术和思想传入中国,对中国传统学问产生了极大的冲击。外国学者在中国开展了一系列考古活动,一定程度上传播了现代考古的理论方法。在这种前提下,对殷墟进行科学考古就具有了可能性。

1928年,中央研究院历史语言研究所成立,以时任中山大学文学院教务长的傅斯年为代理所长。傅斯年派董作宾等人到安阳进行调查。董作宾实地考察后,认为殷墟甲骨发掘仍大有可为,他讲道:"甲骨文既尚有留遗,而近年之出土者又源源不绝,长此以往,关系吾国古代文化至钜之瑰宝,将为无知之土人私掘盗卖以尽,迟之一日,即有一日之损失,是则由国家学术机关以科学方法发掘之,实为刻不容缓之图。"①

为尽快保护甲骨这一珍贵的文物,不使其明珠蒙尘,李济、傅斯年、董作宾以及考古团队迅速在安阳小屯村开展发掘工作。李济是我国近代考古的奠基人,在1926年主持过山西夏县西阴村史前遗址的发掘,具有现代考古理念以及丰富的田野考古经验。李济作为考古组主任,在不断的探索中,逐渐掌握了现代发掘技术和系统的资料整理、记录方法。

在1928年至1937年将近十年的时间里,中央研究院历史语言研究所一共组织了十五次大规模的科学发掘,出土了约25000片珍贵的甲骨。通过科学发掘出土的甲骨大都具有明确

---

① 李济总编辑:《安阳发掘报告》(第一期),(台湾)南天书局有限公司发行,1978年,第5页。

的坑位、地层关系以及伴出器物的记录,为甲骨断代、文字分类释读以及古史研究等都提供了便利。

但对殷墟进行科学发掘的道路并非是一帆风顺的。考古工作人员的进驻意味着村民"售卖甲骨"生意的中断,最初一度遭到民间的强烈反对。随着政府相关政策的制定以及有力的劝导,科学发掘工作才逐渐得到民众的理解,考古工作也得以顺利进行。在考古工作取得重大突破时,却又恰逢时局动荡。1937年,全国抗日战争爆发,殷墟发掘工作被迫停止。全国抗战期间,社会混乱,风雨飘摇。在无人管控的情况下,甲骨又遭到私挖乱掘,不可避免地流向海外。战乱之际,殷墟这座历史文化宝库,也变得伤痕累累。

直到1949年新中国成立后,国家安定,社会和谐,文化工作才得以陆续开展。国家和地方迅速开展对殷墟的保护工作,先后组织了多次科学考古发掘,其中最著名的有三次:

一是1973年3月至12月在小屯村南部进行发掘,出土甲骨七千余片,其中有刻辞的四千余片[1],这是新中国成立后殷墟出土甲骨数量最多的一次,且这些甲骨多具有明确的坑位和地层关系。中国社会科学院考古研究所将此次收获的甲骨片整理出版为《小屯南地甲骨》。

二是1977年在周人的发源地——陕西岐山凤雏村周原遗址发现了成批的西周甲骨,共计出土一万七千余片甲骨,打破了提甲骨必殷商的传统观念,震动海内外学术界。这批材料是

---

[1] 中国科学院考古研究所安阳工作队:《1973年安阳小屯南地发掘简报》,《考古》,1975年第1期。

研究早期西周史、商周关系、占卜风俗等问题的重要史料,具有极高的学术价值。

三是1991年,殷墟花园庄东地出土甲骨1583片,有字甲骨689片。这次出土的甲骨在

＞殷墟甲骨窖图片

内容和字体特点上都具有新信息,其卜辞的占卜主体并非传统的商王,具有非王卜辞的性质。

4. 龟甲兽骨的来源

殷墟出土甲骨数量巨大,这使我们思考:在遥远的物资紧缺、交通不便的商王朝,如此大宗的龟甲和兽骨究竟是从何得来的?

从一条条的甲骨刻辞中,我们或许可以找到问题的答案。

商王卜用龟甲主要由商重臣、族众、周边方国等与商王朝有密切联系的人进贡而来。甲骨刻辞中有商王收到贡龟的记录,如《合集》9774反"雀入龟五百","雀"是商王武丁时期的一名重臣。"入"义为"贡纳",此辞可以理解为"雀向商王贡纳了五百片甲骨"。

龟甲从来源上可以分为两类:一种是中小之龟,为安阳本地所产;另一种为较大之龟,是由南方,即长江中上游传入。古生物学家曾对出土的一些龟甲进行生物鉴定,认为其应属中国的胶龟,主要产自南方(福建、广东、广西、台湾等地)。甲骨文

中有南方贡龟的记载,如《合集》7076正"有来自南以龟",这里的"以"是带来之义,这条刻辞可以理解为"有来自南方的人带来龟甲"。传世的文献也记录南方有进贡龟的传统。如《国语·楚语》说:"龟、珠、角、齿、皮、革、羽、毛,所以备赋,以戒不虞者也。"《尚书·禹贡》说:"九江纳赐大龟。"

从卜辞的记录可知,当时占卜所用的龟甲来自不同的龟种。《合集》8996正:"唯来,五[日]…允至以龟𪚥八、鳖五百十。"该辞记录了商王收取外来贡纳的8只𪚥龟,510只鳖。"𪚥(一种较大的龟)、鳖"均为不同的龟种。

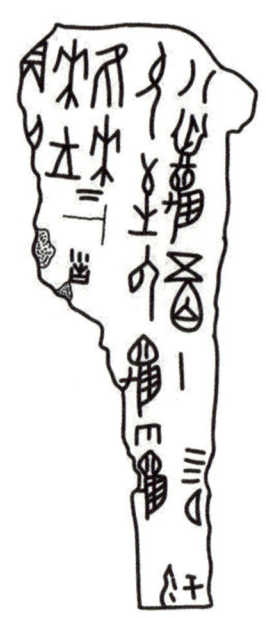

>《合集》8996正局部摹本

商人占卜所用的兽骨以牛肩胛骨为主,还有少量的羊、鹿、猪的肩胛骨,也见少量的牛肋骨、牛距骨、牛头骨、虎骨、犀牛骨和人头骨等。

牛骨主要是本地所产。甲骨文记载,商人已经开始大量地畜养牛牲。"畜牧"之"牧"字,甲骨文为"牧",字形像一只手拿着棍子敲打一头牛。从"牧"的造字理据可知,人工畜养牲畜在商代已经存在了。

商代畜牧业已经形成一定规模。《合集》11175记载商王省视家畜之事:"贞:王往省牛。"《世本·作篇》"相图作乘马""胲作服牛"亦是商人畜养牛马的记录。

殷商以牛为祭牲,用量很大,如《合集》300:"贞:御惠牛三百。""御"为一种攘除灾祸的祭祀活动。该辞卜问用300头牛御祭是否可行。

商人在用牛来祭祀之后,剩下的牛骨就被留存下来,经过整治后,以备占卜之用。

> 《合集》38761 人头骨刻辞(摄于国家典籍博物馆)

此外少数使用的鹿骨、兕骨（野生圣水牛骨）、虎骨、人头骨一般为本地猎获所得。商王在擒获鹿、兕、虎等珍贵动物时，往往在其骨上铭记功劳，表达猎获之喜，炫耀擒获之能。

同样，在俘获敌方首领时，商王也会砍其头颅，剥其毛发，在其头骨上加以刻辞，彰显胜利者的权威。

> 殷墟甲骨窖

> 民国时期殷墟出土之甲骨照片一组（《民国档案》2022年第2期）

商代的甲骨主要出土于河南安阳的殷墟,即商代后期都城遗址。《古本竹书纪年》记载"自盘庚迁殷,至纣之灭,二百七十三年,更不迁都"。商王盘庚率领民众迁移至水草丰茂的洹水之滨——殷地,在这里度过了270余年的岁月,直至周武王讨伐商纣,商纣王身死国灭,这座辉煌一时的王都才逐渐沉寂。这里是甲骨文的故乡,是世界文化遗产!

埋藏于地下3000多年的甲骨,其正常面世要经历一个较为复杂的科学考古挖掘过程,如挖掘探坑、清理甲骨、修复甲骨等。

二、甲骨的整治和贞问

1. 约定俗成的占卜流程

在商代,占卜是神圣的大事,经长期的实践积累,用甲骨进行占卜,刻写甲骨文字形成了固定的流程。

殷商时期,进贡来的龟甲和本地所产的牛的肩胛骨等,都要经过一定的整治过程。整治包括取材、刮削、锯磨、凿钻等工序,最后才是占卜和刻写。

取材

占卜用的龟大多从南方进贡而来。卜辞中并未涉及取龟的时间问题,周代文献却对取龟和杀龟的季节有明确的记录。《周礼·春官》记载"凡取龟用秋时,攻龟用春时",说的就是在秋天取龟,在春天杀龟。在杀龟之前也要举行祭祀仪式,正如《周礼·春官》记载:"上春衅龟,祭祀先卜。""衅龟"是古代的一种祭祀活动,即杀牲以血涂龟。祭祀之后,将龟杀死,剔除其血肉,只保留龟壳,使其保持干燥,以备使用。

占卜用的牛肩胛骨多在当地收集,据董作宾记载,第一次科学发掘殷墟的时候,发现大量没有经过切削的大兽骨,是留待占卜时使用的。1973年发掘小屯南地时也发现堆放在一起的未经加工的33片牛肩胛骨。

刮削和锯磨

卜用龟甲主要为龟腹甲。整治龟腹甲时,首先要将背甲和腹甲的连接处即甲桥锯开,并使得那部分连接处的龟壳留在腹甲上。然后锯掉连接处龟壳边缘的突起,锉磨成弧形,使腹甲变得平直。最后刮磨掉表面的鳞片,锉削高厚不平之处,刮磨使龟版平滑。

龟背甲的背脊突出,整治龟背甲主要有两种方式:第一种是将龟背甲沿着中脊剖开,一分为二并加以修整;第二种是将对分开的两片背甲中脊突出处即首尾两端刮削平整,或中间穿孔,用绳索串联,这样处理好的背甲像鞋底状。

第一编　龟甲兽骨——发现甲骨文的奥秘

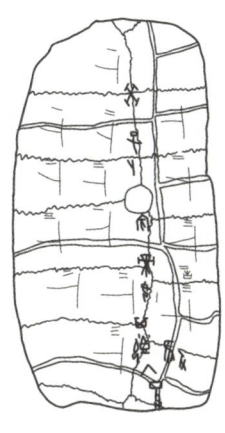
> 整治龟背甲摹本

> 被切去臼角的牛肩胛骨残片
（摄于国家典籍博物馆）

整治牛肩胛骨的首要步骤在于脱脂。脱脂即以文火慢煮，去掉生牛骨上残留的血肉以及脂肪，这是保证其千年不腐的关键。牛肩胛骨分为骨臼和骨扇。骨臼即骨关节处，有一突出的块状物，称之为臼角。骨扇背面有一突出的骨脊。整治之时，需要将臼角切去一块，刮削突出的骨脊，削磨肩胛骨隆起不平之处，使其变得光滑，即可用于占卜了。

凿和钻

出土的甲骨实物背面，有秩序地分布着一个个圆形或枣核形的坑，我们称之为"钻"和"凿"。《荀子·王制》记载："相阴阳，占祲兆，钻龟陈卦。"其大意为："观察阴阳之变，视云起之色判断吉凶，钻凿龟甲，排列蓍草以占卜吉凶。"又《韩非子·饰邪》言："赵又尝凿龟数策而北伐燕。""凿龟数策"即指用钻凿的龟甲和计数的筮草来占卜。从文献记载和甲骨实物中，我们可以

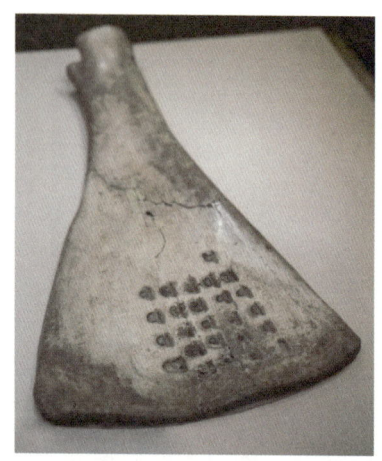

> 牛肩胛骨反面钻凿之形

> 《合集》21872 牛肩胛骨反面钻凿之形（摄于国家典籍博物馆）

得知对龟甲施加钻凿是占卜必不可少的步骤。

龟甲和牛骨都具有一定的厚度，如果不加以处理，直接对龟甲进行烧灼，其龟甲的正面则难以呈现卜兆。用小刀在龟甲上挖出"钻"和"凿"，在此处灼烤龟骨，才能够在正面呈现出具有一定规律的卜兆纹，以此判断所问事件的吉凶。

"钻"一般为圆形洼洞，"凿"一般为枣核形或长方形凹槽，"钻"和"凿"在常规情况下是紧紧依靠的，例如"◐"之形，左为"钻"，右为"凿"。

不同时期的"钻"与"凿"的形态会存在细微差别，学者们可以借助其形态来对甲骨进行断代分期，判断其属于哪个王室。

对龟甲进行钻凿后，还需用燋（引火之木柴）在钻处进行烧灼。正如同《周礼·春官·菙氏》中所记录的灼烧流程："掌共燋契，以待卜事。凡卜，以明火爇燋。遂吹其焌契，以授卜师，遂役之。"即为：菙氏准备好用来引火的火把以及挖好"钻""凿"，然后等待占卜。占卜之时，用明火点着火把，再吹灭明火，持火把对着"钻"烧灼，然后将龟甲交于卜师。

烧灼之时，甲骨正面会呈现像"卜"一样的裂痕"卜"，即为卜兆。竖线为"兆干"，向左或向右的分支为"兆枝"。占卜之人会凭借卜兆的形态推测卜事之吉凶。

占卜与刻写

商人尚鬼，他们认为上帝具有统率一切的力量，神灵可以降吉凶祸福给人类，因此在王朝处理国家大事或者王的个人行为时，往往都要恭敬地进行占卜，以求得上帝指示，即通过占卜来指导一切活动。占卜之时，需先将整治好的龟甲兽骨拿出，然后用火把烧灼钻凿之处，让其正面呈现出兆纹，再通过判读卜兆来断定事件凶吉，最后把占卜时间、卜问之事、占问结果等用小刀契刻在甲骨正面卜兆的旁边，这就完成了整个占卜过程。除有字甲骨外，考古发掘可见众多无字甲骨，这说明很多甲骨仅进行占卜活动，没有刻下文字。

占卜结束后，作为与神灵沟通的媒介，使用过的龟甲和兽骨也不会被随意丢弃。一般是将其集中储存后，再整体掩埋。

2. 可繁可简的卜辞结构

商人卜问苍天，是在一定的程序下进行的。作为占卜记录的卜辞，自然也不是随意书写的。根据内容和作用的不同，学者将卜辞分为不同的段落结构。一条完整的甲骨卜辞应该包括八个部分,它们分别是前辞、命辞、占辞、验辞、用辞、孚辞、序辞、兆辞。但在实际书写过程中,贞人或许会将一些内容省略,所以我们一般很难见到结构完整的卜辞。但无论如何减省,贞问的问题即命辞是占卜的核心,是不可少的。

以《合集》137的一条卜辞为例:

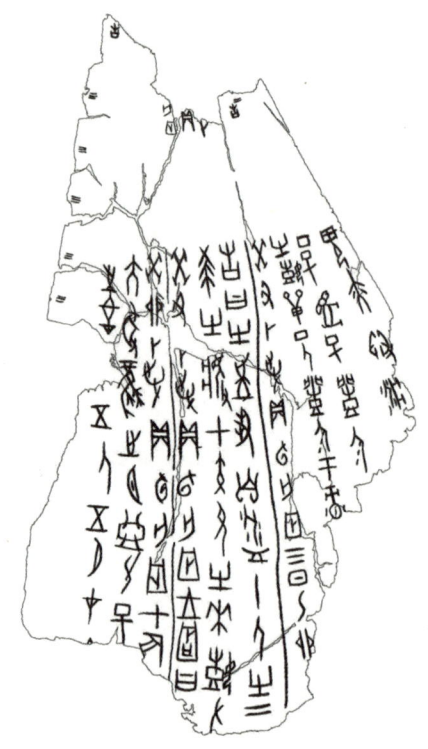

> 《合集》137摹本

癸丑卜,争贞:旬无忧。王占曰:有咎,有梦。甲寅允有来艰。左告曰:有逸刍自温土人有二。

前辞

"前辞",又称"叙辞",为占卜的背景信息,记录占卜的时间、地点和占卜者。上文卜辞中的"癸丑卜,争贞"就是前辞。商人用干支纪日,"癸丑"是指的具体的某一天。"贞"就是"问"的意思,"争"即贞人的名字,贞人即负责问卜之人,"争贞"义为"贞人争贞问"。

命辞

"命辞"又叫"贞辞",命龟之辞,即占卜的时候贞人向鬼神发问的话。命辞是一条卜辞的主体部分,不可或缺。"旬无忧"即命辞,"一旬"为"十天",即问"接下来的十天不会有灾祸吧?"。

占辞

商人占卜的目的就是希望在神灵的指示下预判事件的吉凶,而"占辞"是占卜者卜问之后通过呈现的卜兆进行判断的吉凶之语。"王占曰:有求,有梦。"大意为王视兆判断说:"我受噩梦所困,即将有灾祸发生啊。"

验辞

"验辞"是占卜之后记录占卜结果是否应验的话。该条验辞为:"甲寅允有来艰。左告曰:有逸刍自温十人有二。"即"甲寅日,果然有灾祸发生。左来报告说:从温地逃跑了十二个奴隶"。王推测说会有灾祸,结果果然有灾祸发生,占辞得以应验。

用辞、孚辞、序辞、兆辞亦是卜辞的重要组成部分,但内容较为单一,具有一定的格式。

>《合集》6945局部摹本

>《合集》38169摹本

用辞

位于命辞、占辞之后,或刻于卜兆旁的"用""兹用""不用""不"等辞被称为用辞,即表示占卜结果的施用情况。

《合集》6945:"乙巳卜,㱿贞:侑于祖乙一牛。用。""乙巳卜,㱿贞"为前辞,指明占卜日期和占卜者:"在乙巳日,㱿这个贞人进行卜问。"

"侑于祖乙一牛"是命辞,即贞问:"用一牛来侑祭祖乙吧!"命辞后的"用"即是用辞。

孚辞

孚辞一般位于命辞或占辞后,验辞前,为"兹孚（ ）"。"孚"训为"信、合"。"兹孚"意为"符合事实"。

《合集》38169:"其遘雨。兹孚。小雨。""其遘雨"是命辞,即贞问是否会遇到雨。"兹孚"即表明占卜之后做出的判断符合事实。"小雨"为验辞,即占卜之事实际发生后补记:果然遇到了小雨。

第一编 龟甲兽骨——发现甲骨文的奥秘

序辞

烧灼甲骨背面的钻凿,甲骨正面会呈现一个个的卜兆。商人在这些卜兆旁刻写上:一、二、三、四等计数字,来记录卜问的次序。这些数字即为序辞,也可称之为"兆序"。

兆辞

兆辞是刻于卜兆旁的"一告""二告""小告""不玄""不玄黾"等,是描述占卜所呈卜兆情况的语辞,但具体含义尚待进一步研究。

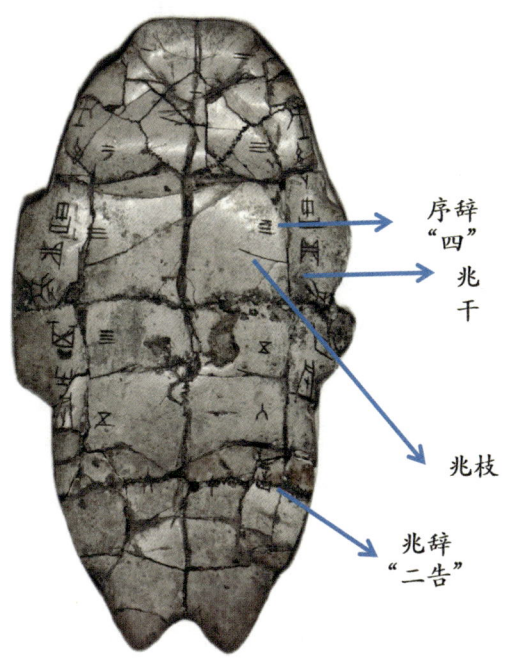

>《合集》4264照片(摄于中国国家博物馆)

3. 纷繁复杂的甲骨文例

一片甲骨上看似杂乱地分布着多条卜辞，实则是自有章法的。我们应该怎样去阅读和认识它们呢？

甲骨文以龟甲和兽骨为书写载体，其书写位置及行文方向与现代汉语有着很大的差异。甲骨文主要为竖行排列，这或许是受竹简刻写方向的影响。《尚书·多士》："惟殷先人，有册有典。"虽然竹简已腐，我们今天难以得见，但从文献记载和甲骨文字中可推测，商代就以竹简作为书写载体了。竹简为竖行的窄体，书写之时即竖行而下。竖列的行文方式一直沿用后世，直到近代才更改为横排版。除了竖列的行文方式，甲骨上卜辞的分布位置也是纷繁复杂的。我们大致归纳出三个大类的刻写和阅读文例。

对称型

对称型的书写形式主要出现在龟腹甲中。龟腹甲中间有一条中轴线，一般称之为"千里路"。两条卜辞相对中轴线呈对称排列，要么从中轴线往外刻写，要么由外向中轴线方向刻写。

如《合集》5354上有两条卜辞：

辛未卜，宾贞：王有不正。一。

贞：王无不正。一。

这两条卜辞是针对同一件事情的正反两问。辛亥日，贞人宾贞问：商王行事是否有不恰当之处呢？两辞竖行而下，从外围向龟甲的中轴线（千里路）方向对称刻写。

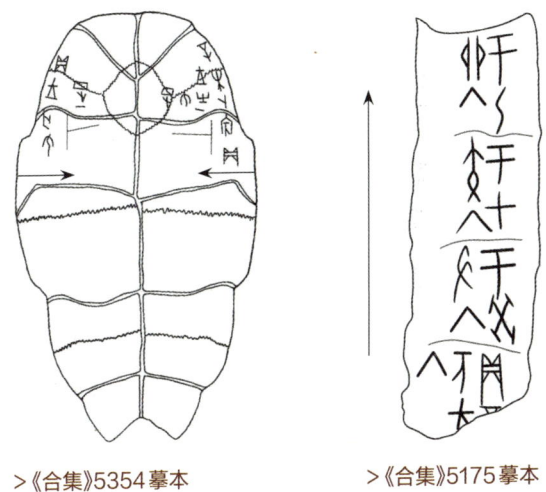

> 《合集》5354摹本　　　　> 《合集》5175摹本

线性型

多条卜辞自下而上或者自上而下呈线性排列,大多出现在兽骨上。

如《合集》5175上的四条卜辞:

贞:辛亥王入。

于癸丑入。

于甲寅入。

于乙卯入。

这片甲骨即从下往上契刻卜辞,连续卜问商王会在辛亥日、癸丑日、甲寅日、乙卯日哪一天进入商地。为了防止卜辞之间相混淆,商人还谨慎地在卜辞之间刻上横划以区分界线。

包围型

包围型即围绕兆纹或兆序刻写。

《花东》262上的卜辞为:"癸卜,子勿择👤受丁祼。"兆序辞"一"在第一字"癸"和第二字"卜"的下方。整条卜辞围绕兆序辞"一",先从右往左刻写最上面的横行"癸卜,子",然后竖刻写"勿",最后从左往右横刻写"择👤受丁祼",贞问要不要选择👤人给商王以供祼祭时使用,最终形成"⤵"包围格式的刻写和阅读顺序。

> 《花东》262局部摹本

4. 不厌其烦的贞问方式

商人虔诚地在甲骨上诉说自己的疑惑,希冀借助鬼神的力量来释疑。他们采取多种多样的贞问方式,以求得更加准确的结果。有时,他们谨慎地提出自己的问题,只贞问一次;有时,他们不厌其烦地对一件事反反复复贞问;有时,他们同时贞问一件事的正反两方面,向神灵提问到底哪种行为是合适的;有时,他们提出不同的选择,希望神灵能替他们做出决定。这些贞问方式,我们分别称之为单贞、重贞、对贞、选贞。

单贞

单贞是指对一件事贞问一次,这是卜辞中最普遍的基本贞问方式。

《合集》1118:

癸酉卜,贞:旬无忧。

癸亥卜,古贞:旬无忧。二月。

癸未卜,贞:旬无忧。二月。

一旬为十天。这三条卜辞分别在癸酉日、癸亥日、癸未日贞问接下来的十天是否有灾祸发生。这是三次不同的占卜,每一个问题只卜问一次,即为单贞卜辞。

重贞

重贞是指对一件事情进行反复多次的贞问。重贞卜辞既见于多版不同的甲骨,也见于同一片甲骨。《合集》6639、6643、6640、6641、6644、6645、6646、6642上记录了八条卜辞:

(1)己未卜,㱿贞:王登三千人呼伐⿱方,捷。一。

(2)己未卜,㱿[贞]:王登三千[人]呼伐[⿱]方,捷。[二]。

(3)己未卜,㱿贞:王登三千人呼伐⿱方,捷。三。

(4)己未卜,㱿贞:王登三千人呼伐⿱方,捷。四。

(5)[己未卜,㱿贞:王登三千]人呼伐[⿱方,捷]。[五]。

(6)[己未卜,㱿贞:王登三千人呼]伐[⿱方,捷]。[六]。

(7)[己未卜,㱿贞:王登三千人呼]伐🉐[方,捷]。[七]。

(8)己未[卜,㱿]贞:王登三千人呼伐🉐方,捷。八。

这八条卜辞的占卜时间相同,贞人相同,贞问的事情也相同,应是针对同一件事情,进行了至少八次贞问。含义为:己未日,贞人㱿卜问:"王征召三千人去征伐方国会取胜吧?"

"战争会胜利吧?战争会胜利吧?"我们仿佛能够想象这样一个画面:贞人秉承王的旨意,恭敬地在甲骨上刻写下对即将兴起的战争的忧虑,念念有词地重复自己的问题,等收到认为带有神灵意旨的卜兆后,心中已有了初步的答案,但为避免万无一失,便接着刻龟问卜。这样循环往复地卜问,体现了商王在面临军事活动这样的国之大事时的担忧和慎重。

对贞

对贞是指对一件事情从正反两个方面进行贞问。龟甲上的正反对贞卜辞一般都是对称刻写。

《合集》5298正上有两条卜辞:

贞:王听,唯忧。

贞:王听,不唯忧。

这两条对贞卜辞即从正反两个方面贞问王的听政有无患害,即"王听取政事,会有灾祸吧?",又问"王听取政事,不会有灾祸吧?"。对贞卜辞会有肯定和否定两种结果,正方贞问的结果一般是商人所乐意见到的,反贞的结果一般是商人不愿见到的。

第一编　龟甲兽骨——发现甲骨文的奥秘

这样原始的贞问方式,直至今日,仍然可以在我们的生活中见到。辛弃疾《祝英台近·晚春》描绘了一个用花瓣占卜丈夫归家的痴情女子:"试把花卜归期,才簪又重数。"我们偶尔也会拿一束花,一片片掰掉花瓣,给出正反两方面的选择以占问:"我明天出去玩;我明天不出去玩。"与遗留的最后一片花瓣相对应的选择,就是最终的占卜结果。

＞《合集》5298局部摹本

选贞

选贞是就贞问之事给出两种或多种选择,选择其中之一的贞问方式。如《合集》19987上有三条卜辞:

甲申卜:御妇鼠妣己二牝牡。十二月。一。

一牛御妇鼠妣己。一。

一牛一羊御妇鼠妣己。一。

三条卜辞是对同一件事给出的不同选择。在甲申日贞问,在御祭"妇鼠"和"妣己"时所用的祭牲是"一公牛一母牛"、"一牛一羊",还是"一牛"呢?

又如《合集》27489：

惠母先酚。

惠兄先酚。

惠父先酚。

这三条卜辞贞问应选择谁首先进行酚祭，是母还是兄还是父呢？"酚"是一种祭祀活动，其形式是倾洒酒液。

> 《合集》19987摹本

> 《合集》27489摹本

第一编　龟甲兽骨——发现甲骨文的奥秘

三、甲骨的分类和形态

1. 甲骨的历史分期

殷商甲骨文刻写了商代中兴之王武丁到商末亡国之君帝辛间的历史,时间跨越较大。商代后期两百余年间,军事、政治、宗教祭祀、社会生活等随着时代车轮的前进也在不断发生变化。甲骨是研究商代史、古文字、汉语史等重要的史料,如果囫囵吞枣式地进行研究,不免存在偏颇,因此对甲骨进行分期分类研究,是充分利用甲骨文的前提性工作。

董作宾亲身参与考古发掘,对甲骨的形态、内容、出土情况等十分熟悉。1933年董作宾发表《甲骨文断代研究例》,建立了甲骨断代学说,提出甲骨断代的十项标准为:世系、称谓、贞人、方国、人物、事类、文法、字形、书体以及出土坑位。根据这十项标准,他将殷商甲骨文按照王室分为五期:

第一期:盘庚,小辛,小乙,武丁;

第二期:祖庚,祖甲;

第三期:廪辛,康丁;

第四期:武乙,文丁;

第五期:帝乙,帝辛。

五期断代法的提出是甲骨断代研究的开端,使得一片混沌的甲骨刻辞文献有了相对明确的时间分期,推动了科学研究甲骨文的进程。五期断代法影响深远,时至今日,在断代研究上仍旧占有一席之地。

2. 最早的书法艺术

甲骨文是以小刀契刻而成的,历经数千年,在历史的覆盖下具有浓厚的神秘色彩,蕴含原始的宗教情感,在今天的我们眼中具有独特的艺术性。甲骨文字体具有挺拔的力量美,遒劲的线条美,脱胎于图画文字的形象美以及浑然天成的质朴美。李泽厚在《美的历程》中指出甲骨文的线条美形成了中国独有的线的艺术,即书法。①

> 《合集》20463局部拓本

甲骨文是书法艺术的源头之一。龟甲和兽骨材质坚硬,在其上刻写文字,对契刻者的功力要求很高,但无论是宽阔豪放的大字,还是细小如蚊虫的小字,均被刻写得清楚明白。甲骨契刻者是经过长久的练习才能完成符合要求的契刻的,我们在甲骨片中还发现了契刻者用废弃的甲骨练习的痕迹,一般称之为习刻。习刻之辞一般行款凌乱,字体幼稚粗劣。如《合集》20463。

---

① 李泽厚:《美的历程》,生活·读书·新知三联书店,2009年,第42页。

第一编 龟甲兽骨——发现甲骨文的奥秘

在将近三百年的时间内,甲骨文的书体风格由于时间更迭、占卜机构的改变、刻写人员的更替等,具有不同的类型,从书法角度梳理甲骨文的书体风格,是辅助甲骨断代的重要标准。

董作宾的《甲骨文断代研究例》将甲骨文的书体风格按照时期分为了雄伟型、谨饬型、颓靡型、劲峭型和严整型这五种类型。虽然从目前的研究成果看,某一个时期可能同时存在着不同的书体风格,但其文还是大体上描绘了甲骨文从前期到后期书体风格的演变。

雄伟型[①]

主要见于第一期卜辞,武丁之世。大字雄健有力,昂扬豪放,无不彰显盛世之风;中小字秀丽端庄,规矩整齐。书风多近象形,古朴挺拔,点画遒劲,足见刻手的纯熟老练。如《合集》6057正。

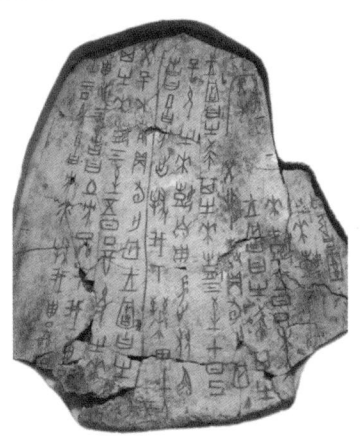

> 《合集》6057正(摄于中国国家博物馆)

---

① 参考刘正成主编:《中国书法全集》(第1卷),荣宝斋出版社,2009年,第12—14页;莫伯峰:《殷墟甲骨文的书体风格研究概述》,《中国书法》,2019年第23期。

谨饬型

主要见于第二期卜辞,祖庚、祖甲之世。字体大小适中,书风工整谨饬,循规蹈矩,秀丽圆润。这种书体风格与当时保守、谨慎的时代风气相契合。如《合集》24917。

>《合集》24917摹本

颓靡型

主要见于第三期卜辞。董作宾认为廪辛、康丁之世,商代文风凋敝,行文草率,多有讹误。从现在的眼光看,似有不当之处。第三期卜辞书风多样。有的刀法质朴,结体松散,不拘常规;有的书风整齐俊秀,横平竖直,字形结构严整;有的书风刚劲秀丽,笔画短促,文字多出尖锋,常见断笔。如《合集》27424、28203。

劲峭型

书风大体呈现为浑厚高古,雄壮典雅,用笔方折,刚劲险峻,结体新颖,气势开阔,稳健流畅,一扫委靡之风。刘一曼、冯时对这一时期的书刻有着极高的评价,称书家大胆创新、独辟蹊径,气象万千,变化无穷,令人耳目一新,颇耐咀嚼回味。[①]其所指大体为现在所划分的历组卜辞,为第一期卜辞。如《合集》34197。

严整型

主要见于第五期卜辞。帝乙、帝辛之世,商王朝逐渐走向灭亡。这个时期的书刻多蝇头小字,书风含蓄典雅,严整谨饬,用字方圆有致,工丽娟秀。如《合集》38232。

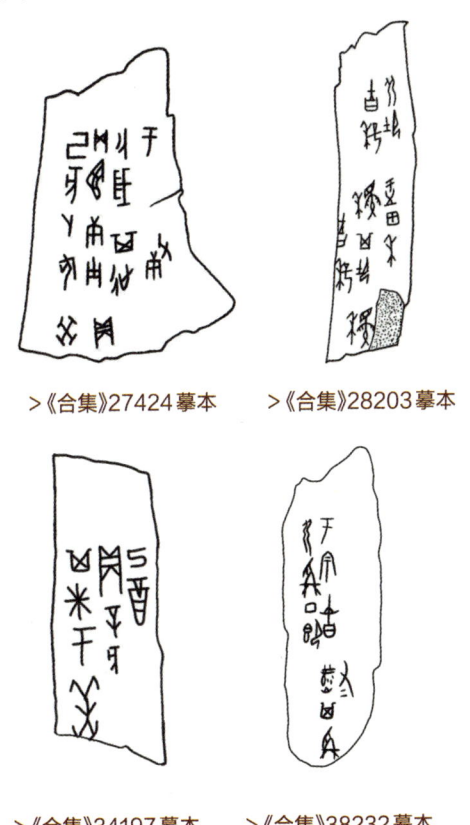

\> 《合集》27424摹本　　\> 《合集》28203摹本

\> 《合集》34197摹本　　\> 《合集》38232摹本

---

① 刘正成主编:《中国书法全集》(第1卷),荣宝斋出版社,2009年。

3. 甲骨的多种分类

随着甲骨学的发展，学者们对于甲骨分期分类的研究进一步深化。李学勤指出非王卜辞的存在，提出王卜辞发展的两系说；黄天树强调甲骨分类应以字体为唯一标准，并对王卜辞依照字体进行了细致的分类，在分类的基础上再判断其年代。

我们现在见到的卜辞大多都是商王王室的占卜机构所占卜契刻的，是站在商王的角度去贞问的，我们称之为"王卜辞"。除此之外，商王朝其他贵族也拥有自己的占卜机构，其以族长为占卜主体贞问的卜辞，我们称之为"非王卜辞"。可见在商代，占卜不仅仅限于商王，对于整个贵族阶级都是十分重要的。

黄天树指出甲骨分类，字体为唯一标准。不同的人所写字体都具有自身的风格，这种字体风格是不会轻易发生改变的。根据字体对甲骨文进行分类是切实可行的。字体分类有助于更加明确地确定甲骨所在时期，是甲骨分期分类研究的一大突破。甲骨根据其所刻文字的字体风格差异可以分为：师肥笔类、师小字类、宾一类、典宾类、宾三类、历一类、历二类、出类、何一类、何二类、无名类、黄类等。①

学者们还发现在殷墟小屯村北和村中村南两地出土的甲骨文在字体风格、辞例形式上存在着一定的差异。李学勤据此提出了殷墟王卜辞的两系说。就是说商代在小屯村北和小屯村南同时存在着两个不同的占卜机构。这两个不同的占卜机

---

① 参考黄天树：《殷墟王卜辞的分类与断代》，科学出版社，2007年。

第一编 龟甲兽骨——发现甲骨文的奥秘

构在甲骨修治方法、钻凿形态、卜辞格式、文字风格上存在不同之处。

师肥笔类

字体较大，笔道大多呈现出丰满的肥笔，浑圆流畅，转折处大多呈现出比较圆的转角，就像用墨水写的一样。如《屯南》643。师肥笔类甲骨主要见于武丁早期到武丁中晚期。

> 《屯南》643摹本

师小字类

有些字体风格比较清秀，笔画细而有力；有些字体较小而且多方笔，略微有些呆板。如《合集》20967+《乙补》64。师小字类甲骨主要见于武丁中晚期。

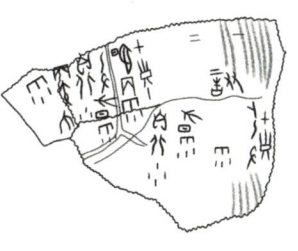

> 《合集》20967+《乙补》64摹本

宾一类

宾一类刻写在龟甲上的字一般字形稍小，笔画比较细而有力道。刻写在兽骨上的字则字形稍大些，笔画方而整饬，大多用直笔。如《合集》6640。宾一类甲骨主要见于武丁中晚期。

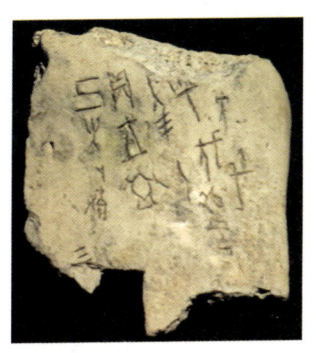

> 《合集》6640照片（摄于国家典籍博物馆）

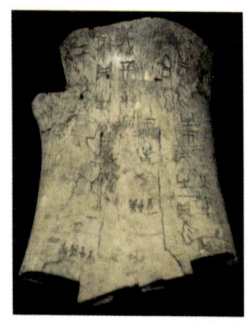

> 《合集》1661 照片（摄于国家典籍博物馆）

典宾类

字体一般较大，风格比较雄健、整饬，笔画多劲瘦有力，少数笔画也比较肥厚。如《合集》1661。典宾类甲骨主要见于武丁晚期。

> 《合集》8554 摹本

宾三类

宾三类的字要么字体较大，笔画比较尖锐，笔锋棱角显现，略微显得草率；要么为蝇头小字，但用笔很工整。如《合集》8554。宾三类主要见于武丁晚期到祖庚早期。

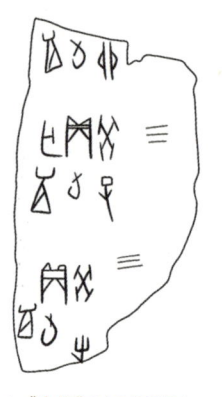

> 《合集》34817 摹本

历一类

字体一般较小，笔画较细，有一种比较圆润的感觉。如《合集》34817。历一类甲骨主要见于武丁晚期。

第一编 龟甲兽骨——发现甲骨文的奥秘

历二类

字体一般较大,笔道比较粗而且较有力度,表现出一种粗犷的阳刚之美。如《合集》33698。历二类甲骨主要见于祖庚时期。

> 《合集》33698照片(摄于国家典籍博物馆)

出类

字体较小且方正,行款布局排列整齐。出类早期卜辞与宾三类字形相近。出类卜辞主要见于第二期即祖庚、祖甲时期。如《合集》22682。

> 《合集》22682照片(摄于国家典籍博物馆)

何一类

字体比较大,笔画的粗细比较平均,横平竖直的特点比较突出。如《合集》27086。何一类甲骨主要见于第三期即廪辛、康丁时期。

> 《合集》27086摹本

> 《合集》28831摹本

何二类

这一组的字体有如用小楷笔所写,笔画较粗且不平均,每一笔的首尾比较尖而中部比较粗。如《合集》28831。何二类甲骨主要见于第三期即廪辛、康丁时期,晚至第四期的武乙时期。

无名类

笔画比较纤细且比较均匀,刀法比较娴熟且活泼,略微带有一些倾斜。如《合集》27878。无名类卜辞主要见于康丁到武乙时期。

黄类

书体风格是字体比较细小,书写规整,行款统一,文例很严整。如《合集》37495。黄类是目前所见最晚的一类甲骨,它主要见于第四期的文丁及第五期卜辞。

> 《合集》27878摹本

> 《合集》37495摹本

第一编　龟甲兽骨——发现甲骨文的奥秘

4. 特殊的"拼图"

拼合又叫"缀合"。一版甲骨埋藏于地下几千年,极易残断,加之出土、流传情况复杂,被当作不同甲骨分别编号,收集在不同的书中或者同一本书之中,这使得原来本属于一版的甲骨分了家。我们现在所能见到的甲骨片大多已残断,拼合就是让它们重聚,让原本属于一版的甲骨完整地合在一起。甲骨拼合非简单的拼图游戏,在散乱支离的16万余片甲骨片中,搜寻龟甲兽骨原本相连的"身体",这对甲骨学者的知识积淀的要求是极高的。这种拼合复原的处理可以使残断的甲骨刻辞重新恢复完整,学者可以更好地利用它们研究殷商时期的语言、历史和文化等众多问题。

《史记·殷本纪》记载:"契卒,子昭明立。昭明卒,子相土立。相土卒,子昌若立。昌若卒,子曹圉立。曹圉卒,子冥立。冥卒,子振立。振卒,子微立。微卒,子报丁立。报丁卒,子报乙立。报乙卒,子报丙立。报丙卒,子主壬立。主壬卒,子主癸立。主癸卒,子天乙立。天乙立,是为成汤。"关于殷商先王"报丁、报乙、报丙"的时间先后顺序,学界一直怀疑排序有误,却没有确凿的证据。

著名甲骨学者王国维在他的《戬寿堂所藏殷虚文字考释》中把《戬寿堂所藏殷虚文字》1.10与《殷虚书契后编》上8.14两片拼合在一起,董作宾先生又加缀一片,即为目前的《合集》

> 《合集》32384摹本

32384,甲骨卜辞就比较完整了。卜辞作"…乙未酚祼品上甲十、报乙三、报丙三、报丁三、示壬三、示癸三、大乙十、大丁十、大甲十、大庚七、小甲三、大…[甲]三、祖乙…"。拼合好的这片甲骨记录了较为完整的商王世系,其中我们原本怀疑的三王次序应按照"报乙、报丙、报丁"排列。

另外,《合集》35406也是由两片甲骨拼合在一起的,也有关于这三王的记载。卜辞说:"甲戌翌上甲,乙亥翌报乙,丙子翌报丙,[丁丑翌]报丁,壬午翌示壬,癸未翌示癸,[乙酉翌大乙,丁亥]翌大丁,

> 《合集》35406摹本

第一编 龟甲兽骨——发现甲骨文的奥秘

甲午翌[大甲,丙申翌卜丙,庚子]翌大庚。"同样,这三王也是按照"报乙、报丙、报丁"的先后排列的。

以上两片甲骨均是拼合而成的,它们为解决《史记·殷本纪》中关于"报乙、报丙、报丁"三王孰先孰后这一历史疑案提供了完整的证据。①

5. 甲骨的形态

甲骨形态即甲骨的样貌。历经沧桑的甲骨片多残破断裂,完整的甲骨片则鲜见。为了更好地认识这些残片,了解其在完整甲骨片中的方位,找到与其相连的甲骨残片,将其拼合复原,必须要探究龟甲和兽骨的整体面貌及内部构造。著名的甲骨学者黄天树提出应建立甲骨研究的一个新的分支,即"甲骨形态学"。

龟腹甲和龟背甲都具有内外两层。外层为角质层,由盾片和盾纹相连而成。内层为骨质层,由甲片和齿缝相连而成。在修治甲骨时,会将外层的角质层刮削掉。

龟腹甲中缝,称之为"千里路"。内层骨质层由两块首甲、两块前甲、两块后甲、两块尾甲、一块中甲组成。

---

① 侯乃峰对"报乙、报丙、报丁"的次序提出质疑。他指出甲骨刻辞中"三报"的排列次序是祭祀顺序而非实际的世系次序。参看侯乃峰:《〈史记·殷本纪〉"三报"世系次序再议》,《历史研究》,2016年第4期。

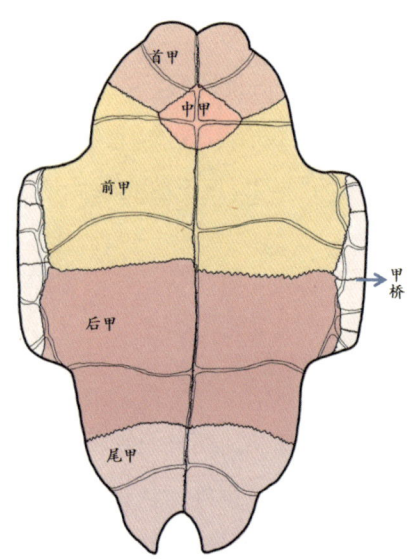

> 龟腹甲结构示意图（参照黄天树《甲骨拼合集》第505页绘制）

龟背甲脊部隆起，难以刻写，因此在整治之时会将其对剖为两半。以龟左背甲为例，它是由八块脊甲、八块肋甲、一块颈甲、三块尻甲、十一块边甲组成。

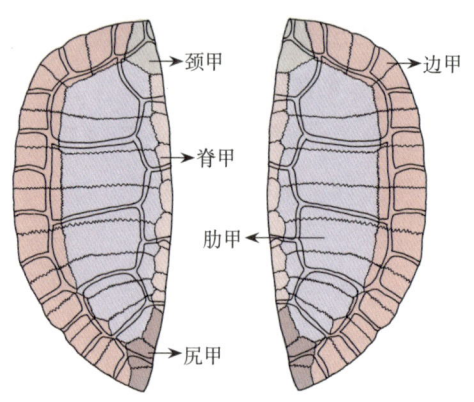

> 龟背甲结构示意图（参照黄天树《甲骨拼合集》第531页绘制）

牛的肩胛骨为长三角形扁骨,斜位于胸廓前部两侧,分左、右两类。

经过整治的牛肩胛骨,最上部关节连接处称之为骨臼,往下依次为骨首、骨颈、骨扇。骨首上,削去的凹角处为臼角。紧挨臼角的骨边为臼边,另一侧骨边为对边。肩胛骨最下缘的边为底边。臼边与底边夹角为脊角。对边与底边夹角为对角。

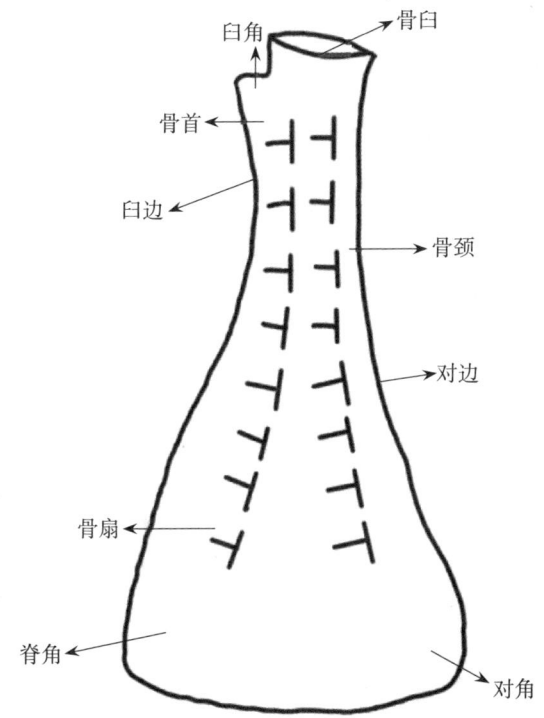

> 牛肩胛骨结构示意图(参照董作宾《甲骨实物之整理》图版四绘制)

四、甲骨学的开创

1. 筚路蓝缕,以启山林

甲骨文第一人:王懿荣

王懿荣(1845—1900),山东福山人,字正儒,谥号"文敏",晚清金石学家、书法家,是甲骨文的发现者。1899年后,他发现并收购甲骨千余片,揭示了甲骨文为古文字,彰显了其璀璨的学术价值,使甲骨文走进世人视野,敲开了研究甲骨文的大门。此后,围绕甲骨的挖掘、收集、整理、著录和研究形成了一门新兴的学问——甲骨学。王懿荣无疑是甲骨学的第一人,他的成就是厥功至伟的。

著录甲骨第一人:刘鹗

刘鹗(1857—1909),江苏丹徒人,字铁云,晚清小说家、收藏家。他是较早参与甲骨文收集整理工作的学者。刘鹗获得了王懿荣留下的甲骨,又多方搜寻,竭尽心力收购了5000余片甲骨,是当时所藏甲骨较多之人。1903年,刘鹗从中选拓1058片,编

> 刘鹗

成《铁云藏龟》,这是甲骨文第一本著录书,大大扩大了甲骨文的流传广度,加深了甲骨文的影响力,推动了甲骨学的发展。

第一个系统研究者:孙诒让

孙诒让(1848—1908),浙江瑞安人,字仲容,晚清著名经学家、训诂学家、古文字学家。刘鹗《铁云藏龟》出版后,他十分欣喜,称"衰年睹兹奇迹",于是"辄穷两月力校读之"①。

> 孙诒让

1904年,根据《铁云藏龟》著录的甲骨拓片,他发表了《契文举例》,对甲骨文的含义进行了初步探索,成功解读出了一些重要的甲骨文字,如贞、羌、禽、射等。《契文举例》是考释甲骨文字的开山之作,具有发凡起例之功。

2. 甲骨四堂,引领发展

"甲骨四堂"是指早期为甲骨学做出突出贡献的四位学者。他们的字或号中都有一个"堂"字(分别为:罗振玉,号雪堂;王国维,号观堂;郭沫若,字鼎堂;董作宾,字彦堂),因此他们被合称为"甲骨四堂"。古文字学家唐兰在《天壤阁甲骨文存并考释》序中对"甲骨四堂"的甲骨学贡献有简要评价:"卜辞研究,自雪堂导夫先路,观堂继以考史,彦堂区其时代,鼎堂发其辞例,固已极盛一时。"

雪堂

罗振玉(1866—1940),又名宝钰,字叔言、叔蕴、式如,号雪堂、贞松老人,浙江上虞人,晚清古文字学家、金石学家、收藏鉴赏家,在甲骨发现、收藏、著录、考释等多领域具有奠基之功。

---

① 孙诒让:《契文举例》,中华书局,2016年,叙。

甲骨被发现早期,大家都被古董商的话语所迷惑,认为甲骨出土于河南汤阴。罗振玉凭借广博的经史之学,加以多方考证,最终确定了甲骨的出土地为河南安阳小屯村,可以说是殷墟出土地的确认者。

> 罗振玉

罗振玉及其胞弟身入殷墟,汲汲搜求甲骨两万余片,且所收甲骨质量精美,不乏具有极高价值的大片完整版。他是当时收藏家中所藏甲骨片最富之人。

他在甲骨著录上亦是倾尽心力。从1911年起,他陆续将自己收藏的甲骨拓印出版,分别为:《殷虚书契前编》《殷虚书契菁华》《铁云藏龟之余》《殷虚书契后编》《殷虚古器物图录》《殷虚书契续编》。

罗振玉在商史研究及甲骨文考释上也起着标杆作用。他所著的《殷商贞卜文字考》考证商王名谥,探究殷商卜法,解决了商史研究中的几个基本问题。他在《殷虚书契考释》中考释了四百余个甲骨文常见字,其中验证正确的有两百余字,使得较为顺利地阅读甲骨卜辞成为可能。

> 王国维

观堂

王国维(1877—1927),字静安,号观堂,又号永观,浙江海宁人,中国近现代著名的国学大师,在文学、哲学、美学、古文字学、史学多领域均有建树。

王国维是第一个将甲骨学引入史学的学者。他所著的《殷卜辞中所见先公先王考》及《续考》，通过甲骨文验证了《史记·殷本纪》所载商王世系，证明了《史记》是可供参考的史料。他的《殷周制度论》则根据甲骨文的研究成果来探究殷周制度的更替。

在《古史新证》中，他提出了著名的二重证据法，"吾辈生于今日，幸得纸上之材料外，更得地下之新材料。由此种材料，我辈固得据以补正纸上之材料，亦得证明古书之某部分全为实录，即百家不雅驯之言，亦不无表示一面之事实"。"二重证据法"是如今古文字研究中的核心指导方法。

彦堂

董作宾（1895—1963），原名作仁，字彦堂，号平庐，河南南阳人，近代史学家、甲骨学家。

董作宾是主持甲骨科学发掘的第一人。1928年到1934年，他共参与科学发掘9次，获带字甲骨6513片，其中精选3866片，编成了《殷虚文字甲编》。

> 董作宾

由于长期行走在科学发掘甲骨的第一线，董作宾与甲骨实物接触较多，擅长运用甲骨实物及考古知识来研究甲骨，取得了一些突破性成就，在多个甲骨问题上均具有开创之功。

《商代龟卜之推测》是甲骨形态研究的奠基之作，董作宾在文中分析了殷商卜龟卜骨的来源及其组成结构。这篇文章也是较早结合甲骨实物探究商代卜法的著述。在《骨文例》中，他较早关注甲骨的钻凿形态、卜辞刻写顺序等甲骨学基础问题。

《甲骨文断代研究例》有凿破鸿蒙之功,推开了甲骨断代研究的大门。他提出的五期断代法和十个原则,直到今天仍被很多学者所认可。

鼎堂

> 郭沫若

郭沫若(1892—1978),原名郭开贞,字鼎堂,四川乐山人,中国现代作家、考古学家、政治家、甲骨学家。

郭沫若以甲骨金文入手,探求中国社会之起源。在甲骨研究中,他的成果主要体现在《甲骨文字研究》《卜辞通纂》《殷契粹编》等著作中,他将马克思的唯物史观运用到古文字的研究上,他研究甲骨文的目的是"就诸家所已拓印之卜辞,以新兴科学的观点来研究中国社会的古代"[①]。

《卜辞通纂》将卜辞按内容分类编排,分干支、世系、数字、天象等八类,考释精深,并非只是单纯的释字,而是结合其他文献资料做综合研究。《殷契粹编》沿袭《卜辞通纂》体例,是甲骨学著作中学习甲骨的必读书之一。

在研究中,郭沫若摆脱了传统金石学孤立研究材料的方法,注重总结吸收前人的观点,注重总结古文字演变的规律,学习社会学、人类学、自然科学等其他学科的理论和方法。

在甲骨文字的著录和整理上,郭沫若也发挥了重要的作

[①] 郭沫若:《中国古代社会研究》,《郭沫若全集·历史编(第一卷)》,人民出版社,1982年,第195-196页。

用。他主编的《甲骨文合集》作为20世纪80年代前甲骨研究成果的集大成者,为其后学者的研究提供了极大的便利。

在这些甲骨学早期学者的指引下,其后的100余年,后继者层出不穷,唐兰、陈梦家、于省吾、商承祚、胡厚宣、饶宗颐、姚孝遂、裘锡圭、李学勤、林沄等无数学者投身于纯净的文化传承事业,几十年如一日般的"苦坐冷板凳",钻研晦涩艰深的古老汉字,点点星火,汇聚燎原。

如今,在国家的大力支持下,古文字学人日益庞大,他们乘着时代的东风,与时俱进,潜心耕耘,共同推动着甲骨学的进步,使其得以蓬勃发展。

3. 甲骨文字释读状况

从1899年发现甲骨文至今,"甲骨学"已走过120多年的历程。在这漫长的岁月里,甲骨学经历了草创、成熟和发展阶段,一代又一代的甲骨学研究者迎难而上,对甲骨文字进行更细化的分期分类,掌握了甲骨卜辞的刻写规律,努力释读,揭开了一个又一个甲骨文字的神秘面纱。

目前所发现的不重复的甲骨单字大概有4500多个,其中被释读出的不超过2000个,但多为常用字。尚未被识别的甲骨文大多都是用例少、用作人名或地名等专有名词、残泐磨损严重、后世不再沿用的难字。众多甲骨文字被历史的迷雾所笼罩,成为难以解决的古老难题。如何揭开这层迷雾,对甲骨学者来说是极大的挑战。

甲骨文字异体众多，如〜、𠂭、𡿨均为"灾"的不同写法。甲骨文字的释读工作包括：揭示一个未识字相当于后世的哪个字，对前人已有、但尚有争议的释读意见做出修订和增补；将两个或多个不同写法的字形联系为同一个字；全面梳理某字的用法；综合考察一个字的形体、读音和意义；等等。

甲骨文字的释读，绝非简单的看图说话、主观臆测。它需要研究者具有扎实的学识，采用科学的研究方法，从字形、文义、语音等多方面综合验证，才能得出可信的结论。对每一个古文字的解读，都历经了学者们无数日夜的研读。如今在无数学者的不懈努力下，大多数的常用字得以识读，我们基本上可以阅读甲骨刻辞。

为激励更多学者投身于甲骨文的研究与破译工作，中国文字博物馆自2016年10月至2019年10月先后开展了两次甲骨文释读优秀成果征集评选活动，对于成功破译未释读甲骨文单字的贡献者，将授予高达10万元的奖金，对存在争议的甲骨文进行新的释读，将授予5万元的奖金。正所谓"一字千金"，高额的奖金充分体现了甲骨文破译工作的艰巨性及其所承载的深厚价值。

在日新月异的时代，古文字学人依旧坚守在文化传承的第一线，付出大量的时间精力，甘于寂寞，进行细致入微的考释工作，使那些"死"去的文字重新焕发生机。随着社会文化水平的提高、科技的进步，在国家的支持以及学者的坚持下，文字考释之路虽艰难，亦是大有可为。

第二编

甲骨文字

——走进商代生活的钥匙

"天命玄鸟,降而生商,宅殷土芒芒。"3000多年前的殷商王朝,一直笼罩着一层神秘的面纱。孔子云:"殷礼,吾能言之,宋不足征也。文献不足故也。""宋"为殷商后裔。孔子称他虽然能说出殷商礼制,却没有文献可以证明,可知春秋时期商代文献已经亡佚而不得见了。但如今,由于甲骨文的出土,那个遥远奇妙的王朝,又重新变得清晰了起来。

甲骨文的内容包罗万象,涵盖殷商政治、经济、军事征伐、语言文化、宗教观念、占卜祭祀、历史地理、气象、动植物、农业生产、狩猎、计时制度等人们生活的方方面面,为我们展现了当时社会的全景图像。

从甲骨文中,我们可以感受早期文化的狂野、粗犷甚至血腥,感受原始宗教的神秘感,发现后世文化的起源,了解社会早期经济、政治的形态。

在这一编内容中,我们将通过一个个生动形象的甲骨文字,一条条原始神秘的甲骨卜辞,向大家展示一个强大文化从起源到发展过程中较为完整的有机片段。

一、等级森严的商代阶层

殷商社会等级森严。以商王和贵族为基础的统治阶级生活在社会的最上层,占有一切社会资源。广大劳动者夜以继日地辛勤劳作,创造着社会财富,供养着统治阶级。人牲、奴隶为社会的最底层,他们绝大多数属于战争俘虏,完全丧失人身自由,被统治者驱使奴役,遭受惨无人道的屠戮后被献祭于神灵。

甲骨文记录了商代形形色色的人,上及至高无上的王,下至犹如牲畜的人牲。甲骨卜辞保留了他们生存的痕迹,记录了那个原始时代里一个个鲜活的生命。

王,字形像斧刃向下的斧钺,以强有力的兵器之形彰显王的权威,象征王权。王是商王朝的最高统治者,甲骨文为求神问卜之辞,显现了神权对商王朝的控制。然而王为王卜辞的占卜主体,拥有对卜兆绝对的占断权。王根据卜兆所做出的预测往往是得以应验的。从早期卜辞到晚期卜辞,甲骨文的辞例逐渐变得程序化,这说明神的指示被王的自我意识所控制,同时也体现了神权旁落,王权逐渐强化。

> 青铜钺（摄于中国国家博物馆）

例：己卯卜，㱿贞：雨。王占：其雨唯壬。壬午允雨。（《合集》902正）

译文：己卯日，贞人㱿贞问：会下雨吗？王看了卜兆推测说：壬午日将要下雨。验辞记载壬午日果然下了雨。①

帚（妇），字形像用"王彗"这样的长叶植物制作而成的扫帚，借用作"妇女"之"妇"。甲骨卜辞常以"妇某"表示贵族女性之名，如妇好、妇鼠、妇井等，一般为商王的配偶。

例：乙卯卜，宾贞：呼妇好侑于妣癸。（《合集》94）

译文：乙卯日占卜，贞人宾贞问：命令妇好用奴隶向祖先神妣癸进行侑祭（侑为一种祭祀名称，具体怎样进行祭祀则尚待研究）可以吗？

---

① 甲骨文研究者对于甲骨卜辞命辞是问句还是陈述句尚存争议。我们更倾向于认为甲骨卜辞命辞为陈述句，但在释文解释时，为了方便大众理解，有时会采用问句的形式进行表述。

第二编 甲骨文字——走进商代生活的钥匙

"妇好"之名,大家或许并不陌生。1976年,考古工作者在殷墟发掘中发现了一座未被盗掘的完整的王室墓葬——妇好墓,将墓主人妇好带到公众的视野前。妇好墓中出土的大量精美的青铜器、玉器、兵器,彰显着墓主人的尊贵。妇好亦是甲骨卜辞中的常见人物。高达两百余条的甲骨卜辞勾勒出了这位杰出女性传奇的一生。

妇好是商王武丁的妻子,她与武丁感情甚笃。卜辞中常常可见商王因妇好患疾而感到担忧并为她进行祭祀的内容。妇好拥有自己的封地,积极参与商王朝的各项军事和政治活动,多次主持重要的祭祀活动,还征召民众,亲率军队讨伐敌对方国,并立下赫赫战功。

> 妇好铜罐

人,字形像人直立的侧面。卜辞中的"人"并非目前所指的对人类的泛称,一般是指服务于商王朝的被统治阶级。

例：丁酉卜，㱿贞：今早王共人五千征土方，受有佑。三月。(《合集》6409)

译文：丁酉日占卜，贞人㱿贞问：今天早上商王征集五千人去征伐土方（商王朝的敌对方国），会不会受到神灵保佑呢？时在三月。

众，字形为日下有三人，如同众人在太阳下劳作之形。卜辞中的"众"是商代从事农业生产、服兵役、服务商王的主要劳动者，其地位略高于奴隶。

> 《合集》1照片（摄于中国国家博物馆）

例：⋯王大令众人曰：协田，其受年。十一月。(《合集》1)

译文：王命令众人一起合力耕田，会有好的收成吗？时在十一月。

第二编　甲骨文字——走进商代生活的钥匙

男，从田从力，"力"为"耒耜"之"耜"的象形。"耒耜"即远古先民重要的农耕工具。古代社会男耕女织，用农具来作为男性的象征是理所当然的。"男"在卜辞中出现的次数较少，且多为残辞，无法确定其是否表示性别中的"男性"之义。

女，字形为敛手跪坐的女性形象，表现出女子温柔顺从的特征，以及女子在古代卑贱低下的地位。

女性肩负着生育之责。在甲骨卜辞中，我们常常可以看到对女子生产的卜问。生男则嘉，生女则不嘉，可见早在殷商时期，男尊女卑的观念就已经产生了。

例：甲申卜，㱿贞：妇好娩，嘉。王占曰：其唯丁娩，嘉。其唯庚娩，引吉。三旬又一日甲寅娩，不嘉，唯女。（《合集》14002正）

译文：甲申日占卜，贞人㱿贞问：妇好要生孩子，会顺利吗？商王察看卜兆后说：在丁日那天生孩子，就会顺利；在庚日那天生孩子，是吉祥的预兆。其后过了三十一天，到甲寅日，妇好生了孩子，不好，因为生的是一个女孩。

子，字形像一小儿摆动两臂。卜辞中的"子"用作本义，义为"幼子"。

例1：辛丑卜，㱿贞：妇好有子。二月。(《合集》94正)

译文：辛丑日占卜，贞人㱿贞问：妇好有孩子了吗？时在二月。

"子"亦可表示商王的子辈。

例2：唯母庚害子宾。(《合集》454正)

译文：母庚会加害子宾吗？

"母庚"为以天干"庚"为名的女性祖先，"子宾"之"子"指商王子辈，"宾"为其私名。商人认为离世的祖先拥有惩罚后代的能力，因此卜问"母庚"是否会加害"子宾"。

"子"或为子姓宗族的族长，为商王之子辈，或与商王有亲密血缘关系的人。商王与子族的关系相当于后世"大宗"与"小宗"。

例3：呼多子逐鹿。(《合集》3243)

译文：命令多位子姓族长去追逐擒获野鹿。

臣，字形像张目而视的竖起的眼睛。"臣"是"瞋目"之"瞋"的初文(初文，通俗来说，就是一个字的早期写法)。"臣"本为奴隶，地位低下，卜辞中可见臣被抓捕的例子。

例：庚牵臣十。(《合集》14002反)

译文：庚日抓捕了十个臣。

奚，字形像以手抓人头上的发辫，表现了奴隶任人宰割的形象，为"奴隶、人牲"之义。

例：庚午卜，侑奚大乙三十。(《合集》19773)

译文：庚午日占卜，卜问：是否用三十个奴隶来对大乙进行侑祭呢？

妾，字形像头上戴着刑具、敛手跪坐的女性，卜辞中"妾"指女性人牲。

例：贞：今庚辰夕用献小臣三十、小妾三十于妇。九月。(《合集》629)

译文：贞问：在庚辰日的晚上，要用三十个小臣、三十个妾来对妇进行献祭吗？时在九月。

刍，字形像以手割草木。《说文》："刍，刈草也。"在甲骨文中，"刍"指一种刈草饲养牲畜的奴隶，文献中也有记载，如《周礼·充人》郑玄注："养牛羊曰刍。"

例：甲辰卜，亘贞：今三月光呼来。王占曰：其呼来，气至唯乙。旬又二日乙卯允有来自光，以羌刍五十。(《合集》94)

译文：甲辰日占卜，贞人亘贞问：今年三月要不要命令光来进献奴隶呢？王察看卜兆后说：命令他进贡吧，他会在乙日那天到来。十二天后的乙卯日，光果然送过来五十个奴隶。

执，字形像双手被类似枷锁的刑具捆绑着跪坐的人形。《说文》："执，捕罪人也。从丮从幸，幸亦声。"其在卜辞中有两种用法，一是做动词，表示捕捉、执获；一是做名词，表示被执获的奴隶，是战争所俘，往往被用作祭牲。

例1：壬寅卜，宾贞：令兔执羌。(《合集》223)

译文：壬寅日，贞人宾贞问：命令兔(人名)去抓捕羌人是可行的吧？

例2：丁酉卜，贞：王宾执自上甲至于武乙，卒，亡尤。(《合集》35439)

译文：丁酉日占卜，贞问：用奴隶来对自上甲到武乙的诸位祖先进行宾祭，最终会不会有灾祸？

及，字形像用手抓住跪坐之人，在卜辞中是"俘虏、奴隶"的意思。

例：妣[己]一牛。

惠及十。(《合集》701)

译文：对妣己进行祭祀,是使用一头牛来做祭牲呢,还是用十个奴隶来做祭牲呢?

这是一组选贞卜辞,对祭品的选用进行占卜,来决定祭品的种类和数目。

羌,头戴羊角形装饰品的人形,本指羌族之人,"羊"亦为声符。《说文》："羌,西戎牧羊人也。从人,从羊,羊亦声。"羌为商王朝西北的一个游牧方国,长期与商为敌。商人在与羌人的战争中擒获了大量羌地的俘虏,并将他们作为人牲,随意宰杀和驱使。

例：伐其七十羌。(《屯南》2792)

译文：杀死七十个羌人用以祭祀神灵可以吗?

臣、妾、奚、仆、羌等人是商王朝的最底层,他们往往是商人擒获的异族俘虏,没有人身自由,没有独立的人格,地位近于牲畜,可以被随意买卖和杀戮。从甲骨刻辞中可以看到,他们作为祭品,在遭受砍伐、切割、焚烧、埋葬等惨无人道的处置后,被大量献祭于神灵。他们也被作为随葬品殉葬。1976年考古工作者在安阳武官村北地王陵区发现250多座祭祀坑,坑中的骨架累计有1178具,这些被殉葬的人牲多身首分离,肢体残缺,可见惨烈。

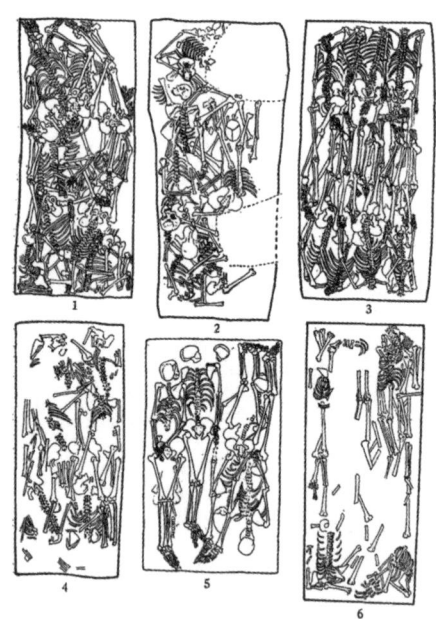

> 安阳殷墟奴隶祭祀坑示意图(《安阳殷墟奴隶祭祀坑的发掘》,《考古》,1977年第1期图三)

在这种极端压迫下,奴隶常常借机出逃。这些奴隶是重要的祭品来源和劳动力,其流失对商人来说无疑是一种损失,因此商人十分重视奴隶的逃亡问题。卜辞中常见商王卜问逃走的奴隶能否被抓回来的例子。如《合集》137"贞:弗其幸刍。四月",即贞问能否抓到逃走的来自敌方的奴隶。又如《合集》137"癸丑卜,争贞:旬无忧。王占曰:有咎有梦。甲寅允有来娸,左告曰:有逸刍自温十人又二"。这条卜辞的大意为:癸丑日,贞人争贞问接下来的十天会有灾祸发生吗?王看了卜兆推断说会有灾祸发生,他做了噩梦。到甲寅那日,果然有灾祸发生,"左"来报告说有十二个奴隶从温地逃跑了。

二、奇妙的人体器官

甲骨文中表示人体器官的字多为表意字。形象的字形,体现了早期人类对人体结构的努力探索,他们不仅了解人体的外部结构,如头、身、脚、眼、耳等,还注意到人体内部最重要的器官之一——心脏。

疾病是每个人生活中都难以避免的,在尚无系统医疗的商代,商人认为导致疾病的原因是鬼神降灾及鬼神示警。当商王或商王重视的人生病时,商王朝就会进行占卜活动,以此来贞问当事人的疾病会不会好转,或贞问是哪一位祖先神为害,给当事人带来疾病,需要举行什么祭祀活动才能攘除。在这类卜辞中,我们常常会看到有关身体各部位的字,这些字一般跟"疾"搭配,组成"疾+身体部位"的格式,以表达身体某一部位患疾。

身,字形像人侧立的身体,突出人的腹部,为"身躯"之义。

例:疾身,唯有害。

疾身,不唯有害。

唯多父。

不唯多父。(《合集》13666正)

译文:王的身体生病了,是不是祖先降下灾害呢?是不是多父使王的身体生病呢?

这是两组对贞卜辞。第一组贞问王的病是不是祖先为害，第二组贞问是不是多父为害。"多父"为商人男性祖先的合称。

首，似人头之形，头上或描绘出毛发。卜辞中用作本义。

>《合集》24956局部摹本

例：甲辰卜，出贞：王疾首，无延。(《合集》24956)

译文：甲辰日占卜，贞人出贞问：商王的头生病了，不会一直持续下去吧？

天，像用方块或横线突出头顶的人形，本义即为头顶。商人的认识有限，直到周代，人们才开始产生对天的认识，形成"天"的概念，于是将之假借为"天地"之"天"，沿用至今。如今，"天"的本义消失，后来产生的从页的"顶"字表示"头顶"之义。

例：庚辰[卜]，王：弗疾朕天。(《合集》20975)

译文：庚辰日占卜，王亲自贞问：神灵不会让我的头顶生病吧？

亦，其字像在正面人形腋下加点，突出表现人的腋下，本为"腋"的初文。甲骨文中已经用来做副词，可以理解为"也、又"，卜辞中未见用其本义者。

例：癸巳卜，䇂贞：旬无忧。丁酉雨，己雨，庚亦雨。(《合集》12715)

译文：癸巳日占卜，贞人䇂贞问：十天内不会有灾咎吧？其后验辞记录丁酉日下雨，己(亥)日下雨，庚(子)日也下了雨。

自，甲骨字形像人鼻子的形状，惟妙惟肖，"自"是"鼻"原本的用字。徐灏《说文解字注笺》认为人之自谓或指其鼻，故有自己之称。我们现在熟悉的"自"常常用作代词表示"自己"，或用作介词表示"自从"。

例：贞：有疾自，唯有害。

贞：有疾自，不唯有害。(《合集》11506)

译文：贞卜：鼻子有疾病，是祖先为害吗？不是祖先为害吗？

这两条卜辞为正反对贞卜辞，从正反两方面卜问鼻子患疾是否是祖先神所害。

舌,像张口伸舌有所晃动形,本指"舌头"。

例:甲辰卜,古贞:疾舌,唯[有]害。(《合集》13634)

译文:甲辰日占卜,贞人古贞问:舌头生病了,是祖先为害吗?

腹,从身,复声。"腹"为形声字。"复"放置于身体的腹部位置,彰显声音信息。

> 《合集》5373摹本

例:癸酉卜,争贞:王腹不安,无延。(《合集》5373)

译文:癸酉日占卜,贞人争贞问:商王的腹部不舒服,不会一直持续下去吧?

又,字形像朝左的右手形。《说文》:"又,手也。象形。三指者,手之列多略不过三也。"本义为手,特指右手。卜辞中未见用其本义者,多在构字部件中表示手的意义,如"俘❓"等。

第二编　甲骨文字——走进商代生活的钥匙

止，像前进的脚趾之形，本义为"脚"。

例：贞：疾止，唯㞢害。（《合集》13683）

译文：贞问：脚患病了，是祖先为害的吗？

>《合集》13683摹本

耳，像耳朵之形。耳鸣是常见的疾病，从甲骨卜辞中发现，商人也受耳鸣的困扰。

例：庚戌卜，朕耳鸣，侑御于祖庚羊百，又用五十八侑母，用㫃今日。（《合集》22099）

译文：庚戌日，王进行占卜：我耳朵有鸣叫之音，用一百头羊侑祭和御祭祖庚，用五十八侑祭母，是否可行呢？

"朕"是占卜主体商王的自称。商王为消除耳鸣,用百余头羊进行祭祀。可见商人对耳鸣的重视,他们认为耳鸣的出现预示不详,需祭祀以攘除灾祸。出现耳鸣之症时,他们常常会担忧地贞问是否会造成灾祸。

目,字形像横置的眼睛。眼睛是人类最重要的感官之一,人们对世间万物的认识大多是通过眼睛实现的。商人常常占卜某人是否患有眼疾及眼疾是否痊愈。

例:疾目,不丧明。

其丧明。(《醉古集》261)

译文:戊戌日占卜,从正反两方面贞问眼睛生病了,会不会丧失光明呢?

口,字形像张口之形。口疾的症状表现在卜辞未见详述。

例:贞:疾口,御于妣甲。(《合集》11460正甲)

译文:卜问:患有口疾,御祭妣甲可以攘除疾病吗?

商人患病常常祭祀先祖,以求福佑,使得痊愈。

齿,字形像张口露出牙齿。

例:甲子卜,殼贞:王疾齿,无易。

甲子卜,殼贞:王疾齿,唯易。(《合补》3987)

第二编 甲骨文字——走进商代生活的钥匙

译文：对贞卜辞。甲子日,贞人𣪠从正反两方面贞问:王患牙病,能不能痊愈呢?"易"在此处有"痊愈"之义。

牙病虽不致命,却十分难受。甲骨文中有"龋"字,生动地展现了商人认为的牙病的致病之因。

龋,字形像牙齿中有一蠕动的虫子。在商人心中,牙齿疼痛的原因是虫子钻进牙齿里为害,此观念延续到后世,如今大家仍俗称"龋齿"为"虫牙"。

肩,字形像占卜所用的牛肩胛骨之形,本指人或动物的肩膀、肩部。卜辞中可用作本义。

例：庚戌卜,亘贞:王其疾肩。

庚戌卜,亘贞:王弗其疾肩。王占曰:勿疾。(《合集》709正)

译文：对贞卜辞。庚戌日,贞人亘从正反两方面贞问:王的肩膀是否得病了呢?商王根据呈现出的卜兆占断说:不会患病的。

肩膀可以担负重物,因此"肩"引申为"承担、能够"等义。疾病卜辞中常见的"肩兴有疾",可以理解为"疾病能够好起来"。

心,像心脏之形。商人的心疾有生理上的"心荡""心敊",亦有精神上的心绪不安,如"心不吉"。

> 《缀合》350 局部摹本

例1:贞:王心荡,无来艰自方。一月。(《缀合》350)

译文:"㖶",隶定为"㦩"。根据辞例分析和语音关系,裘锡圭将其释为"荡",表示心脏的不正常反应。商人认为心脏的异常似乎预示着灾祸的到来,因此,该辞贞问:王心脏有动散之感,没有来自敌方的灾咎吧?

例2:乙卜,贞:二卜有咎,唯见,今有心敊,无忧。(《花东》102)

译文:"敊"同为心脏异常之疾。沈培将其解释为"畏"。"见"读为"现",为卜兆显现义。该辞是说在乙日进行两次占卜,表示灾咎的卜兆显现,贞问:如今子有"心畏"之疾,不会有灾祸吧?

第二编 甲骨文字——走进商代生活的钥匙

例3:壬辰卜,子心不吉,侃。(《花东》416)

译文:这里的"侃"用作动词,为"使其和乐"。"子"为商王武丁的儿子。壬辰日贞问:子心不安,要使其快乐吗?

心脏的跳动易于感知。快乐、悲伤、担忧、恐惧等情绪会影响心脏跳动的频率和力度,商人已经将心脏与情绪相连,将心脏视为承载思想和感情的器官,这一思维沿袭后世,即便知道"大脑"是思考的工具,但我们还是常说"心想""心里难过"等。

三、商人的生活图景

衣、食、住、行,娶妻生子,生老病死,是从古至今每个人日常生活中必不可少的内容。距商代3000多年后的我们,可以通过甲骨文窥探商人最基本的生活图景。

衣,字形像平铺的衣服,上部为衣领,下部为衣襟对拉之形。学者在殷墟发掘出棉、麻、丝等多种材质的纺织衣物,可见商人的纺织技术已较为精细。但卜辞的"衣"大多读为"卒",并不表示衣服,而表示"终结",但也有极少例子似乎可以看作其为"衣服"的"衣"。

例:河奭以两衣,奇衣。(《合补》10640)

译文：要向河神的配偶进献两件衣服，还是一件衣服呢？①

裘，像皮毛外翻的衣服形。《说文》："裘，皮衣也。从衣，求声。"古人擒获野兽，剥掉其毛皮，制成衣服以抵御严寒。从字形来看，当时的人们一般习惯将有毛的一面外漏，现如今依旧流行的貂皮大衣多少有着古人遗风。"裘"在卜辞中一般用作人名。

飨，跪坐的两人相向而食，中间为食器之形，表示"宴飨、飨食"之义。《诗经·豳风·七月》："朋酒斯飨，曰杀羔羊。"朋友相聚，举杯酌酒，宰杀羔羊。商人在军事、祭祀等重要活动中常常要组织宴飨。

例：惠多子飨。(《合集》27648)

译文：要设宴款待多位王子吗？

食，从亼从簋。"亼"为倒口之形，簋为盛放食物的器皿，表现了人在食器前张口就食之形。"食"做动词，表示"食用"。

例：戌兴伐比方食…

于方既食戌廼伐，捷。(《合集》28000)

---

① 参看王子杨：《甲骨文中值得重视的几条史料》，《文献》，2015年第3期。

译文：对贞卜辞。其大意为：武装部队"戍"是在敌方吃饭的时候发起进攻，还是等到敌方吃完饭再发起进攻呢？

鬯，字形像盛放香酒的器皿。《说文》："鬯，以秬酿郁草，芬芳攸服，以降神也。"鬯是用粮食酿造的香酒，主要用于祭祀，也许是香酒常用卣盛放，卜辞中常见以"卣"来修饰"鬯"，表示祭祀时所用香酒的数量。

例：丙申[卜]，即贞：[父]丁岁鬯一卣。(《合集》23227)

译文：丙申日占卜，贞人即贞问：用一卣香酒来岁祭父丁可以吗？

休，从人从木，像人依靠着树木休息。卜辞中不用其本义，常常做地名。

例：庚子卜，宾贞：王往休，亡囗。(《合集》8157)

译文：庚子日占卜，贞人宾贞问：王前往休地，不会有灾祸吧？

宅，从宀，乇声。"宀"为房屋的框架形，"宅"为居住之所。《尚书·盘庚上》："我王来，既爰宅于兹，重我民，无尽刘。"盘庚迁殷之旧地，对民众说："我带大家来到这里，居住在这里，是因为重视我们的民众,不使他们死在旧地。"卜辞的"宅"可做动词,表居住义。

例:癸巳卜,宾贞:惠今二月宅东寝。(《合集》13570)

译文:癸巳日,宾贞问:二月居住在东边寝室可以吗?

舟,像小船之形,本义则为"船"。舟为商人水行的主要交通工具。

例:乙丑卜,行贞:王其寻舟于滴,无灾,在八月。(《合集》24608)

译文:乙丑日,贞人行贞问:王乘舟渡过滴水,不会有灾祸吧。时在八月。

"寻舟"义为"行舟"。裘锡圭认为"寻舟"之"寻"读为"彤"。《说文》:"彤,船行也,从舟彡声。"

考古工作者曾在河南信阳出土一商代独木舟,为目前发现的最大舟之一。舟为将圆木从中剖凿而成。如下图:

> 河南信阳出土商代独木舟(信阳博物馆官方网站)

车，像马车之形。从殷墟出土的车马坑来看，商人一般二马驾一车，车由车衡、车轴、车辕、车舆、两个车轮组成，与甲骨文“车”字构形一致。马车为商人重要的代步工具，用于田猎或军事活动中。卜辞中“车”用作本义。

> 殷代车马坑

例1：癸亥卜，㱿贞：旬无忧。王占曰：有咎。三日丁卯王狩敝。䡍，马[立]，亦仆在车，毕马亦有伤。（《拼集》295）

译文：癸亥日，贞人㱿贞问：这一旬没有灾祸吧？王视兆占断说：会有灾咎发生。验辞记载，三日后的丁卯，王在敝地田猎，䡍的马车折辕断裂，马惊吓到站起来，倾倒在前面毕的车上，毕的马车也遭损坏。[1]其中“䡍”之“车”字写作“”，呈现了车辕从中折断的样貌。

商代马车由木质材料制作，在高速运动中极易损坏，以致发生车祸，故“车”在卜辞中有多种形体，用文字画的形式表现

① 黄天树：《卜辞“毕马亦有伤”补说》，《古文字研究》（第三十二辑），2018年，第30-35页。

了马车的状态,又如:

例2:癸巳卜,殼贞:旬无忧。王占曰:乃兹亦有咎,若称。甲午,王往逐兕,小臣由車,马硪,荡王車田,子央亦颠。(《合集》10405)

译文:癸巳日,贞人殼贞问:十天之内没有灾祸吧?王看了卜兆占断说:如果按照卜兆来说,这一旬会有灾祸发生。验辞记载,正如占辞所说的那样,甲午日,王外出抓捕野牛,名为"由"的小臣的车轴断裂,驾车的马倾倒,撞到了王所乘的车,王的车倾翻,车上的子央也跌落了下来。

这一条卜辞有两个"车"字。第一个"车"字车轴断裂,第二个"车"字车轮向上,车舆向下,商王和随行人员人仰马翻的景象跃然眼前。汉字产生之初,文字和记录的语言并非是一一对应的。这条卜辞中的"车"用一个字记录一个语段,好像一幅传达意义的画,黄天树将其称为"文字画",这体现了甲骨文的原始性。

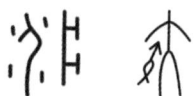

疾,第一个字形像衰弱之人躺在病床上,人身旁的小点象征因病症所出的虚汗,以示"生病"之义。第二个字形像一支利箭刺向人的身体,以致身体有疾。甲骨文中涉及的疾病种类众多,有"疾口""疾言""疾首"等。疾病卜辞的占卜内容涉及四方面:是否有疾、治疗方式、疾病原因、疾病发展状况。

例:妇好其延有疾。

贞:妇好不延其有疾。(《合集》13931)

第二编 甲骨文字——走进商代生活的钥匙

译文：对贞卜辞。从正反两方面贞问：妇好的病会不会一直持续下去呢？

兴，像多只手合力将桶状物体抬起之形，义为"兴起"。卜辞中有一固定词组"肩兴有疾"，有时省略为"兴有疾""肩兴""肩兴疾"，表示"病情有了起色、疾病好转"之义。

例：贞：妇好肩兴有疾。(《合集》709正)

译文：贞问：妇好的病情会好转了吧？

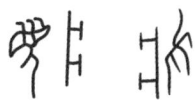

梦，像人在做梦之时，手、脚、眉均有所动作之形。从爿从 ，亦为声符。"梦"有多种形体，谢明文指出第二种形体对第一种形体的眉形进行省写。古人认为梦有重要的启示作用，梦中的情境是关于将来的某种预兆。卜辞中有一些关于占梦的记载，通过占梦来确定吉凶，或向神灵、祖先祷告，寻求解除灾咎的方法。

例：甲戌卜，宾贞：有梦，王秉棘，在仲宗，不唯忧，八月。(《合集》17455)

译文：甲戌日，贞人宾贞问：王做了噩梦后，在宗庙中拿着用以驱鬼的酸枣树条攘除厉鬼，不会有灾祸吧？时在八月。

刘钊将"秉"后之字" "释为"棘"，并指出其为枣树的枝条，用以驱鬼。"以棘驱鬼"是巫术的一种，古人将噩梦视为不祥，认为做噩梦是鬼魂夺走人的魂魄所致。

孕，"孕"有两种字形，""字突出腹内有子，""字突出女性隆起的腹部，均表示身孕之孕。

例：丙申卜，㱿贞：妇好孕，弗以妇殒。

贞：妇孕，其以妇殒。（《合集》10136正）

译文：对贞卜辞。丙申日，从正反两方面占卜，贞人㱿贞问：妇好怀孕了，会不会给妇好带来死亡？

在缺乏良好医疗卫生条件的古代，妇女生产是关乎生死的大事。商人在妇女生产一事上极为谨慎。妇好有孕，商王为其占卜是否会有死亡之灾，表现了商王对妇好的关心，对女子生育繁衍之事的重视。

乳，像女子抱子于胸前喂奶状，本义为"喂奶"。

例：辛丑卜，呼爱婞乳。（《合集》22246）

译文：辛丑日占卜，贞问：要命令婞去喂奶吗？

取，像以手取耳之形。古代捕获到战俘或杀死敌人时，要割下左耳用以记功。卜辞中的"取"本为"取物"义，引申为娶亲之"娶"。

第二编　甲骨文字——走进商代生活的钥匙

例1：辛卯卜,争:呼取奠女子。

辛卯卜,争:勿呼取奠女子。(《合集》536)

译文：对贞卜辞。辛卯日那天,从正反两方面贞卜,贞人争贞问:是否要迎娶奠地(地名)的女子呢?

商王与其他族氏方国之女的结合,是增强商与外界联系,增加商王朝控制力和影响力的政治手段。

例2：戊寅卜,亘贞:取牛,不齿。(《合集》8803)

译文：戊寅日,亘贞卜:去拿一些牛来,不会有灾祸吧?

毓,像女子产子之形,"小儿"旁的小点,似为带出的血及黏液。"毓"表示生育之义。"毓"为"育"的初文。

例：贞:今五月[妇]好毓,其嘉。(《合集》14123)

译文：贞问:如果这个五月妇好生孩子,会顺利吧?

生,土地上初生的草木之形,义为"生育"。子孙生生不息,延续家族血脉,才能巩固宗族势力,长盛不衰。卜辞中常有为生育而向先妣祷告之事,足见商王对子孙繁衍的重视。

例：乙未卜,于妣壬祷生。(《合集》22050)

译文：乙未日占卜,贞问:要向女性祖先神妣壬祈求使妇女受孕生子吗?

死，从人从歹，歹为残骨之形。罗振玉认为"死"字像活着的人跪于朽骨之形。死即肉体的终结。

例：□卯，贞：子妥不死。(《合集》21890)

译文：□卯日贞问：子妥不会死吧？

葬，甲骨文"葬"有多种写法。第一种写法像人躺在床上，被置于棺椁之中；第二种省去了床上的人形；第三种像棺中有残骨之形，以残骨指代死亡的躯体。"葬"义为"埋葬"，商人认为人死后，灵魂会化为鬼神，在另一个空间中生存，因此他们对于死者的肉身会予以妥善的安葬。从商代墓葬丰富的随葬用品可以看出商人"事死如生"的丧葬观念。

例：贞：在兹葬。(《合集》6043)

译文：贞问：要埋葬在这里吗？

四、繁忙的劳作活动

3000多年前，在中原大地上，我们或许可以看到这样几处剪影。农夫躬身于田间，扛着锄头，不厌其烦地翻耕着土

第二编 甲骨文字——走进商代生活的钥匙

地,使其变得松软。负责畜养牲畜的奴隶谨慎地为圈中的牛羊续上食物,以免被监督的官员殴打。与此同时,在远处的山林里,商王带领族众,浩浩荡荡地驾着马车,在追逐一头野兽。

商代农业、田猎、畜牧业已经形成一定规模,在商王统治之下,官员、民众从事各类劳动,为商王朝提供服务。

乍(作),乍为"作"的初文。甲骨文"乍"构形不明。吴其昌、裘锡圭认为"乍"字从木从刀匕,像以刀砍伐草木之形。由砍伐草木引申为做其他工作。"乍"在甲骨文中用为"作",有"建造、制作、兴起"等义。

例1:贞:王作邑,帝若。八月。(《合集》14201)

译文:贞问:商王建造城邑,上帝会使之顺利吗?时在八月。

例2:洹弗作兹邑忧。(《合集》7859正)

译文:洹水不会给这座城邑带来灾祸的吧?

例3:庚[寅卜,贞:]…作戎,其受[有]佑。

　　庚寅[卜,贞]…作戎[弗其]受[有]佑。(《合集》18704)

译文:对贞卜辞。从正反两方面贞问:在庚寅日占卜…若兴兵作战,会不会受到保佑呢?

例4:令尹作大田。

　　勿令尹作大田。(《合集》9472正)

译文：对贞卜辞。从正反两方面贞问：要不要命令尹官去从事农耕。

为，像以手牵象之形。先民驯服大象，使其帮助人们进行劳作。"为"本表示"劳作"义，引申为"作为"。

例：癸未卜，殻贞：王为祀，若。(《合集》15189)

译文：癸未日占卜，贞人殻贞问：商王亲自举行祭祀，会顺利吗？

耤，甲骨文像人侧立推耒刺地之形，耒为古人耕地时所用的一种翻土工具。这一文字生动地展现了农夫翻土劳作的场景，在卜辞中表示"耕作"之义。农业是人们赖以生存的行业，卜辞中有"小耤臣"，是专门负责农事的职官。

例：贞：今我耤，受有年。(《合集》9507)

译文：贞问：如今我亲自耕种，会不会有好的收成呢？

获，以手抓鸟之形，表示"捕获、收获"之义。

第二编 甲骨文字——走进商代生活的钥匙

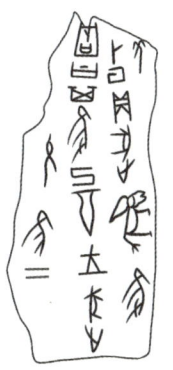

>《合集》10398摹本

例：□□卜，亘贞：逐兕，获。王占曰：其获。己酉王逐[兕]，允获二。(《合集》10398)

译文：某日占卜，贞人亘贞问：去追逐野生圣水牛，会不会有所收获呢？商王察看卜兆后说：会有收获。己酉日商王去追逐野生圣水牛，果然抓获了两头。

狩，甲骨文"狩"字，从犬从干（第一个字图），或从犬从单（第二个字图）。"干"字像分叉的大树枝，在分叉的树枝上绑缚石块就变成了"单"。"单"由"干"孳乳而来，两字所指均为狩猎工具。犬是人类追逐野兽的助手。"犬"和"干"合起来表示狩猎的意思。"狩"本义即为"狩猎"。"狩"在卜辞中多用本义，后来引申为名词，表示狩猎的对象即"野兽"。在商代，商王借田猎活动娱乐休闲、练兵习武、彰显权力、猎获野兽，卜辞中有大量商王出行田猎、擒获猎物的记录。

例：乙未卜：今日王狩田率，擒。允获马二、兕一、鹿二十一、豕二、麑百二十七、虎二、兔二十三、雉二十七。十一月。(《合集》10197)

译文：乙未日占卜，贞问：今天商王去狩猎，会有所擒获吗？验辞记录果然有所收获，共捕获了两匹马、一头野牛、二十一只鹿、两头猪、一百二十七只麑、两只老虎、二十三只兔子、二十七只野鸡。时在十一月。

禽，字形像长柄有网的捕兽工具，在卜辞中用作"擒获"之"擒"，其后由动词引申为名词，表示动作行为的对象"禽兽"，"禽"字为名词义所专用，于是另造"擒"表示"擒获"的动词义。

例：从南，于之擒兕。(《合集》28399)

译文：从南方开始进行田猎，在那里擒获了野生圣水牛。

网，像丝线交织的捕兽网，在卜辞中做动词，表示"张网捕猎"之义。

例：壬戌卜，贞人㱿贞：呼多犬网鹿于麓。八月。(《合集》10976正)

译文：壬戌日占卜，贞人㱿贞问：要命令多犬（负责田猎的官员）在山脚下张网捕获鹿吗？时在八月。

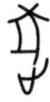

追，从𠂤从止。"𠂤"在甲骨文中用为"师"，"师"为"军队、军旅"之义，用脚追赶师旅。"追"本义为追逐。"追"的宾语均为人，而非动物。杨树达在《释追逐》中描述了"追"和"逐"在卜辞中用法的不同："盖追必用于人，逐必用于兽也。"

例：戊午卜，𣪘贞：雀追亘，有获。(《合集》6947 正)

译文：戊午日，贞人𣪘贞问：雀去追击亘方(敌对方国)部队，会有所俘获吗？

逐，从豕从止，像用脚追赶猪之形，表示"追逐野兽"之义。

例：[王]其逐[丧]鹿。(《合集》10293)

译文：商王去追逐丧地的鹿。

焚，从火从林，表示"焚烧草木"之义。"焚"是商人的一种狩猎行为，焚烧山林，鸟兽无处栖身，就会四处逃窜。商人在山林中设下包围圈，就可以一次性擒获大量野兽。卜辞中有商王举行焚林围猎活动的记载。

例：翌癸卯其焚，擒。癸卯允焚，获⋯兕十一、豕十五、虎囗、兔二十。(《合集》10408)

译文：第二天癸卯日焚烧山林，会有所擒获吧？验辞记录癸卯日那天焚烧了山林，的确有所擒获……共猎获了十一头野生圣水牛、十五头猪、若干只老虎、二十只兔。

在社会发展初期，焚林是为了防止野兽攻击。《孟子·滕文公上》"舜使益掌火，益烈山泽而焚之，禽兽逃匿"，焚烧山林可以驱使数量众多的野兽现身，故逐渐发展成擒获野兽的方法。焚烧山林对生态的破坏是极大的，随着社会生产力的发展，人们逐渐摒弃了这种方式。《淮南子·主术训》告诫人们："不涸泽而渔，不焚林而猎。"

教，从子从攴，爻声。攴为以手执棍，表示对学生的教导和训诫。爻为声符，也可以理解为所学习的算筹之学。本为"教导"之义，卜辞中似可见其用于本义。

例：其教戍。(《合集》28008)

译文：训练教导负责防守的"戍"官吧。

"教"亦用作地名或人名。

例：庚戌卜，教贞：今夕无忧。(《合集》31621)

译文：庚戌日，名为教的贞人卜问：这一夕没有灾祸吧？

学，从宀，从双手持爻之形。"宀"义为"房屋"，此处表示受教育之所，爻为所学习的算筹之学，双手之"臼"字亦为声符。"学"在卜辞中似有用作本义之例。

第二编 甲骨文字——走进商代生活的钥匙

例：丁巳卜,贞:王学众伐于𢀛方,受有佑。

丁巳卜,王勿学众𢀛方,弗其受有佑。(《醉古集》33)

译文："学众"为"使众学",即为"教"义。该辞的含义为：在丁巳日,从正反两方面贞问：王训导众人讨伐𢀛方,会不会受到神灵保佑呢?

舞,像人手持牛尾舞蹈之形。本义即为"跳舞"。商代的舞乐均与祭祀活动有关,以舞祭天,是商人求雨的活动之一。《尔雅·释训》："舞、号,雩也。"郭璞注："雩之祭,舞者吁嗟而请雨。"

例：贞:翌丁卯奏舞,有雨。(《合集》14755正)

译文：贞问:明日丁卯日奏乐作舞,会下雨吗?

置,像手持一物放置于架子上,所持之物"止",又为声符。"置"在卜辞中用作本义时,其后多加乐器。

例：丙辰卜:置壴,莫于丁。(《合集》32014)

译文：丙辰日占卜:安置好乐鼓,要对丁进行莫祭吗?

易(赐),甲骨文中的"赐",由"易"假借而来。"易"形为用盘倾倒水之形①。卜辞中"易"假借为"赐",表"赐予"义。

---

① 谢明文:《甲骨文旧释"益"之字新释——兼"易"字新探》,《中国国家博物馆馆刊》,2019年第12期。

例：乙卯卜,亘贞:勿易牛。

贞:易牛。(《合集》9465)

译文:对贞卜辞。乙卯日,亘从正反两反面卜问:要不要赐予牛呢?

商(赏),从辛从冏,构形不明,在卜辞中借作人名、地名。如"大邑商""商邑",指商代王畿区。"商"也可假借为"赏",表"赏赐"义,和"易(赐)"为同义词。

例:癸酉卜,宾贞:今春商殺舟由。

贞:勿商殺舟由,戠。(《合集》6073)

译文:"殺舟由"为人名,"戠"读为"待",表示"等待"义。其为对贞卜辞,大意为:癸丑日,贞人宾贞问:今年春时赏赐殺舟由吗?又从反面贞问:不要赏赐殺舟由,先等待吗?

五、丰富的动作行为

耳听其言、眼视其物、口发其声、脚行其路、手持其物等都是人最基本的动作行为,商人的日常基本动作行为也无外乎于此。

第二编　甲骨文字——走进商代生活的钥匙

出，从止从凵，"凵"为洞穴，古人穴居，因此"凵"意味着居住之所。"出"字像脚从居所走出之形，脚趾朝外，义为"出行"。

例：贞：王勿出田。(《合集》1583)

译文：贞问：王不要出去田猎吧？

各，像脚向内走进之形，脚趾向内，义为"来到"。"出"与"各"为反义词，两字的字形可以参照。

例：大水不各。(《合集》33348)

译文：大水不会到来吧？

步，像两只脚向前行走之形，意为前进、出发。

例：庚寅卜，宾贞：今早王其步伐人。(《合集》6461正)

译文：庚寅日占卜，贞人宾贞问：今天早上商王前去征伐人方(敌对方国)吗？

及，像以手抓人之形，意为赶上、抓住、追上。

例：己亥，贞：令王族追召方，及于囗(《合集》33017)

译文:己亥日贞问:命令王族追赶召方(商王朝敌对方国),在某地追到了。

走,"走"的初文,像人摆开双臂大步跑动之形。本义为"疾行"。

例:庚申,贞:其令亚走马🜚□🜚。(《合集》27939)

译文:庚申日占卜:命令亚驾快马可以吗?

"走马"义为骑马疾走。《诗经·大雅·绵》"古公亶父,来朝走马",也即西周的先祖古公亶父,清晨就驱快马走来了。"亚"为职官之名。"🜚"及"🜚"为尚未释读之字。

往,从止,王声。"往"的本义是出行。"止"为向外迈出的脚。金文在"㞷"旁加上表示行走义的"彳"为"徍",逐渐演变成现在的"往"字。

例:乙巳卜,争贞:惠王往伐舌方,受有佑。(《合集》6214)

译文:乙巳日,贞人争贞问:王去讨伐舌方,会受到保佑吗?

来,像描绘出根、茎、穗的麦子形。"来"本义为"麦子",由于音近,在卜辞中借用为"过来"之"来"。"来"和"往"都表示空间移动,但移动的方向相反,卜辞中"往来"常常连用,表示"出行"之义。

例1:呼目于河,有来。

无其来。(《合集》456反)

译文:对贞卜辞。从正反两方面卜问:命令监察人员去黄河监视,是否看到有敌方来犯呢?

黄河是商人重要的屏障,黄河流域方国众多。商人以黄河为界,监视是否有敌方来犯。

例2:戊申王卜,贞:田敦,往来无灾。王占曰:"吉"(《合集》37403)

译文:戊申日,王亲自进行占卜:在敦地进行田猎,出行不会有灾祸发生吧?灼龟见兆,王判断说:会吉祥的。

先,从止从人,脚趾在人前,有领先之义,表示"先后"之"先"。

例:贞:马勿先,其遘雨。(《合集》27950)

译文:马不要先行出发,会碰到雨。

于省吾指出"古有王公外出,常有导马于前"①。这里的"马"即为王出行时,人所牵的在前引路之马,是后世"洗马"之职的滥觞。《陈情表》的作者李密就曾被授洗马一职,如:"诏书特下,拜臣郎中,寻蒙国恩,除臣洗马。"

---

① 于省吾:《甲骨文字释林》,商务印书馆,2010年,第64页。

颠[①]，从阜从倒人。像人从山上跌落之形，本义是"坠落"。甲骨文中记录了一则商王出行，发生车祸，王子从车上坠落的故事。

例：癸巳卜，㱿贞：旬无忧。王占曰：乃兹亦有祟，若称。甲午，王往逐兕，小臣由，马硪，荡王，子央亦颠。(《合集》10405)

译文：癸巳日，贞人㱿贞问：这一旬没有灾祸吧？王看了卜兆说：就像卜兆所揭示的那样，这一旬还会有灾祸发生。在甲午那天，王外出田猎，追逐犀牛，小臣由的车轴断裂，马突然受惊，王车倾覆，子央也从车上坠落。

至，像箭矢从天而降射到地面，本义为"到达"。卜辞中有用本义之例。

例：至丧，无灾。大吉。(《合集》29011)

译文：到达丧地，不会有灾祸吧？

入，构形不详。《说文》："入，内也，象从上俱下也。""入"在

---

① 此字原释"坠"，谢明文、蒋玉斌等学者指出该字应从唐兰的意见，改释为"颠陨"之"颠"。参看谢明文：《释"颠"字》，《古文字研究》第30辑，2014年；蒋玉斌：《释殷墟花东卜辞的"颠"》，《考古与文物》，2015年第3期。

卜辞中可作动词,表"进入"。

例:癸亥卜,王其入商。惠乙丑,王弗悔。吉。(《合集》27767)

译文:癸亥日贞问:王要在乙丑日进入商地,王不会后悔吧?

涉,从水从步,像人跨越水流前行。本义为"步行过水"。

例:⋯王其田,涉滴至于𣪠,无灾。(《合集》28883)

译文:⋯王去田猎,从滴水中穿过到达𣪠地(地名),不会有灾祸吧?

"滴"为河水之名,商代的河水一般都以"水"为义旁。

既,像人转头离开盛放食物的食器,表达用餐结束之义,引申为"完成、完毕"义。甲骨文中"既"常表示动作行为已经完成,可理解为"已经"。

例:其置庸壴,于既卯。(《合集》30693)

译文:在将祭牲对剖开来后,要放置庸和鼓奏乐吗?

"庸"和"鼓"为商代的乐器,商人举行祭祀以音乐来助祭,可见其场面宏大。《诗经·商颂·那》也有类似的描述,"猗与那与!置我鞉鼓",可译为"多么美好多么繁盛啊!支起我的小鼓和大鼓!""卯"为杀牲法的一种,即将祭牲从中间剖开。

即，甲骨文像人跪坐在簋前，表示"就食"之义，引申为"靠近"。

例：贞：方其大即戎。(《合集》151正)

译文：贞问：方方("方"是方国之名，"方方"长期与商王朝为敌，其地在商王朝西北或北部)将要大肆兴兵吗？

从，像二人相随之形，本义即为"跟从、跟随"。

例1：贞：子渔无其从。(《合集》369)

译文：贞问：子渔没有跟随着吧？

例2：贞：今丙戌焚妿，有从雨。(《合集》9177正)

译文：贞问：今丙戌日焚烧人牲祈雨，有跟从的雨。

卜辞卜问，举行某种求雨仪式后，是否会有"从雨"，杨逢彬、黄天树等都认为"从雨"应解释为"跟着来的雨"。

这条卜辞记录了商人焚人以祭天求雨之俗。商代农业已经初具规模，降雨情况关乎年成，求雨无疑是一件大事。"𤈦"为"焚人"之"焚"的专字，为以火焚人之形，常和"雨"同时出现，应为一种祈雨之祭。裘锡圭指出"火"上所从之人为"黄"的异体，是"尪"的本字，即突胸凸肚、身子特别粗壮的残疾人形象。"妿"为一种女性奴隶。

《吕氏春秋·顺民》中记载了一则小故事，商王朝开国之初，大旱五年,河水枯竭,草木枯萎,饿殍遍野,商王汤剪下头发,用器械夹住自己的手指,以自己的身躯向上天祈祷,最终成功求得充足的雨水。商人认为风、雨、雷、电等一切自然现象均为上帝所控。少雨干旱则是上天降下灾祸,需献祭人牲或跳舞奏乐、祭祀上帝以祈求福佑。

视,从目从直立的人形,像人睁大眼睛张望之形,做动词,表示"看视"义。

例:贞:收人呼视舌[方]。(《合集》6175)

译文:贞问:征集众人,命令他们去监视舌方可行吧?

"舌方"是商王朝的敌对方国,在武丁晚期与商王朝进行了多次大规模的战争。

见,从目从跪坐的人形,做动词,表"看见"义。"见"和"视"为同义词,其不同之处在于"视"侧重于看的过程,"见"侧重于看的结果。《道德经》"视之不足见"即"看它但没有看见"。

例1:己酉卜,宾贞:今日王其步□,见雨,无灾。一月才□。(《合集》12500)

译文:己酉日,贞人宾贞问:今天王要去某地,看见了雨,没有灾祸吧?时在一月。

"见"在甲骨文中可假借为"现",表"出现、显现"义。

例2：贞：逸寇见（现）。(《合集》568正)

译文：贞卜：逃跑的寇会出现吧？

省，从目从中，偶见从目从木之例。中，甲骨文字形为"屮"，《说文》："屮，草木初生也"。"省"的本义为视察草木，引申为"视察"。

例1：庚子卜，令𢀖省亩。(《合集》33237)

译文：庚子日卜问：命令𢀖（人名）去视察粮仓可以吗？

"亩"为商王朝储藏粮食的建筑。

卜辞还记载了商王省视家畜之事。

例2：丙寅卜，𣪠贞：王往省牛于敦。

贞：王勿往省[牛]，三月。(《拼集》264)

译文：对贞卜辞。大意为：三月丙寅日，贞人𣪠贞问：王会不会去敦地省视畜牛的情况呀？

观，鸟类冠旁增加的"口"形，如同鸟儿炯炯有神的大眼睛。一般认为该字即猫头鹰的象形，凸显猫头鹰那双大大的眼睛，在卜辞中表示"观看、查看"义。

例：壬寅卜，旅贞：王其往观于𧵑，无灾。(《合集》24425)

译文：壬寅日，贞人旅贞问：王出行在𧵑地视察，不会有灾祸吧？

第二编　甲骨文字——走进商代生活的钥匙

乎，构形不明，在卜辞中表示"命令"义，和"令"为同义词。

例：甲辰卜，亘贞：今三月光乎来。王固曰：其乎来，迄至隹乙，旬又二日乙卯，允有来自光，以羌刍五十。小告。(《合集》94正)

译文：在甲辰日，贞人亘贞问：三月光会命令人来商朝贡纳吧？王视兆说：大概到乙卯那天光会命令人向商王贡纳。验辞记录：十二天后的乙卯日果然有来自光的人，送了五十个羌人奴隶。

"光"为人名或族名、地名。"来"在这里为"致送"义。商王朝族群众多，四周方国林立，均需向商王纳贡。

令，孟蓬生认为"令"从卩，亼(今)声。"卩"为跪跽的人形；"亼"为"口"之倒文，为"今"之初文。卜辞中"命"和"令"为一字，尚未分化。"令"表"命令"义。

例：甲戌卜，王：余令角帚，堪朕事。(《合集》5495)

译文：甲戌日占卜，王亲自贞问：我命令角帚(人名)去做事，他能否胜任这份工作呢？

言，像在舌头上增加一指示符号，与"舌"字相区别，表示张口讲话。卜辞中有"疾言"之症，应为发声困难之病症。

例：有疾言，隹害。(《合集》440正)

译文：患有发声困难之症，是有灾祸吧？

以，在甲骨文中有繁、简两种用法。本为从人携物之形"𠂤"，也可将人形省略，仅保留所携之物"𠂤"。"以"的本义为"携带、带来"。

例：戊辰卜，雀以象。

戊辰卜，雀不其以象。

己巳卜，雀以猴。十二月。

己巳卜，雀不其以猴。

己巳卜，雀取马以。(《合集》8984)

译文：这是两组正反对贞卜辞。戊辰日占卜：雀会带来象吗？十二月己巳日贞问：雀会不会带来猴呢？己巳日又贞问：雀会取来并致送马吗？

"雀"是商王武丁时期的军事重臣，具有自己的封地。根据胡厚宣考证，雀的封地在殷之西北。这条卜辞记录了雀向商王贡纳象、猴、马之事。大象喜温喜热，无论是从考古发掘还是甲骨卜辞，均可发现象在殷商活动的痕迹，学者们认为3000多年前中原的气候较今温暖湿润，类似于如今的长江流域。

得，从贝从手，以手持贝，义为"得到、获得"。"得"在卜辞中多用作本义。

例：贞：逸羌不其得。(《合集》508)

译文：贞问：逃跑的羌人抓不到了吧？

听，从耳从口，口有所言，耳有所闻，以耳听言之义。"听"本义为"听闻"，可做名词。

例：贞：王听唯孽。

不唯孽。(《合集》110)

译文：对贞卜辞。从正反两方面贞问王听治政事，会不会有灾祸。

闻，甲骨文的"闻"突出人的耳朵，表示"听闻"之义。卜辞中多是下级官员向商王汇报情况，使商王听闻。

例：癸未卜，争贞：旬无忧。三日乙酉夕月有食，闻。八月。(《合集》11485)

译文：癸未日占卜，贞人争贞问：十天之内没有什么忧患发生吧？第三天乙酉日的晚上发生了月食，把这件事报告给商王，使之听闻。时在八月。

用，本为桶形，在卜辞中假借为"使用"之"用"。

例1：癸亥卜，宾贞：勿用百羌…(《合集》299)

译文：癸亥日，贞人宾贞问：不要用一百个羌人⋯

卜辞中有习语"用""不用""兹用"，位于卜辞之末，或刻写于卜兆之旁，表示此卜的占卜结果是否予以施行。

例2：其侑祖辛，王受佑。兹用。(《合集》27251)

译文：侑祭祖辛，王会受到保佑吧？使用这次占卜的占卜结果。

六、完备的职官系统

《尚书·酒诰》记录了商代的内外服制度："越在外服，侯、甸、男、卫、邦伯；越在内服，百僚、庶尹、惟亚、惟服、宗工"。在王畿统治范围之外，商王派驻侯、甸、男、卫等官员从事侦查、防守、农业、畜牧等活动。这些官员长久驻扎在商都之外，执掌一方，拥有武装与人力，逐渐积攒势力，后发展为一方诸侯。他们臣服于商王朝，奉侍于商。在直接统治的王畿区，商王则设置大大小小的职官，他们效力于王事、政治、军事、巫术、经济等多个领域，以确保商王朝的正常运行。

侯，从矢从厂，像射靶侧面之形，本义即为射箭的靶子。卜辞中"侯"为职官之名。"侯"具有武装力量，常受王朝任命参与军事征伐活动。《逸周书》孔晁注："侯，为王斥侯也。"裘锡圭据此推

第二编　甲骨文字——走进商代生活的钥匙

测"侯"本为驻在边地保卫王国的主要武官,地位重要,掌握的武力也强,在商代后期"侯"已经具有了诸侯的性质。

例:癸卯卜,黄贞:旬无忧。在正月,王来征人方。在攸侯喜鄙永。(《合集》36484)

译文:癸卯日,贞人黄贞问:商王十天之内不会有灾祸吧?当时是正月,商王前去讨伐人方(敌对方国),停留在攸族诸侯"喜"的边鄙永地。

田,交错的农田之形,本义为农田。裘锡圭指出"田"应是商王派驻在商都以外某地从事农垦的职官。由于在商都之外工作是十分危险的,因此配备有武装,可以参与军事活动。

例1:贞:在攸田武其来告。(《合集》10989)

译文:贞:在攸地担任田官的武(人名)来报告。

例2:比多田于多伯,征盂方伯炎。(《合集》36513)

译文:要联合多位田官和多位方国首领去征伐盂方的首领炎吗?

尹,以手持物之形,或说其所持之物为笔。"尹"有"治理"之义。《说文》:"尹,治也。从又、丿,握事者也。""尹"在卜辞中做职官名,地位比较崇高,负责帮助商王处理政事。卜辞中"伊尹""黄尹"和商王祖先一样受到祭祀。

例:贞:侑于黄尹十伐、十牛。(《合集》916正)

译文：贞问：要用十个被砍了头的奴隶和十头牛来侑祭黄尹吗？

"伊尹""黄尹"应为同一人的不同称谓。[①]伊尹为商代开国重臣,他辅佐商汤讨伐夏桀,建立商王朝,又历经多代王室,制定典章制度,使商王朝走向繁荣。

宰,从宀从辛。"宀"义为房屋。"辛",詹鄞鑫等学者认为是一种宰割工具。《说文》对该字的解释是"罪人在屋下执事"。"宰"在甲骨文中可用作职官之名,但用例较少,难以确定其具体职权和地位,后世文献记载的"宰"为百官之首,地位尊崇。

甲骨文中的"宰"见于一版十分特别的甲骨上。这版甲骨的材料是罕见的野牛骨,一面刻画有精致的兽面纹,一面刻写文字。抛开历史文献价值,它也称得上是一件精美的艺术品。它记录了王田猎之时擒获兕,将其奖赏于宰丰(宰为官名,丰为私名)等人的故事。我们一般称其为"宰丰骨",现藏于中国国家博物馆。

例：壬午,王田于麦麓,获商戠兕。王赐宰丰、寝小㕞贶,在五月,唯王六祀肜日。(《合补》11299)

译文：壬午日,王在麦地山脚下田猎,擒获了商地特异的野牛。王将所猎获的野牛骨枘赐给宰丰,赐品由王的近臣寝小㕞

[①] 参考吴丽婉：《甲骨文"黄尹"身分考——兼论商代配祀制度》,《历史研究》,2023年第2期。

第二编 甲骨文字——走进商代生活的钥匙

转交,这时是王在位第六年五月,进行肜祭之时。

𠂤(师),构形不明。为古"师"字,义为军队、师旅,做职官名,为主管军事的职官。

"师般"是商王武丁时期深受倚重的军事重臣,"师"是官名,"般"是其私名。

例:呼师般取逸自敦。(《合集》839)

译文:命令师般去抓捕从敦地逃走的奴隶可以吗?

工,在卜辞中有两种常见用法。一是用作"贡","工典"的意思就是贡献典册;一是泛指工匠,如《论语·卫灵公》:"工欲善其事,必先利其器。"

例:□戌卜,□[贞]:共众宗工。(《合集》19)

译文:□戌日占卜,贞问:要征召众人和宗工吗?①

万②,构形不明。"万"为商代从事舞乐的职官。殷商之时,歌

---

① 邓飞考证甲骨卜辞中的"宗工"应是知晓祭祀仪式和典礼仪式,为商王服务之人。参教邓飞:《商代"宗工"考》,《考古与文物》,2011年第5期。
② 这里的"万"和目前我们常用的数字"万"并非同字。数字"万"是"萬"的简化字。"萬"在甲骨文中已经存在,写作"𤴕"。简化字"万"的产生时间较晚,但恰好和古老的"𠃬"为同形字。"𠃬"构字本义还不明确。

舞盛行。《礼记·郊特牲》记载:"殷人尚声,臭味未成,涤荡其声;乐三阕,然后出迎牲。"其大意为:商人崇尚声音,在祭祀尚未宰杀祭牲之前,先演奏音乐,在奏过三章后,再将祭牲带来。商人的舞乐活动常常与祭祀活动有所联系,他们跳舞作乐,祈求风调雨顺。

例1:万惠美奏,有正。

惠庸奏,有正。吉。(《合集》31022)

译文:万演奏美这种乐器是合适的吧?

演奏庸这种乐器是合适的吧?大吉。

"庸"为大钟,"美"亦为乐器的一种。这两条卜辞为选贞卜辞,贞问"万"是演奏"美"还是演奏"庸"更为合适。

例2:惠万呼舞,有大雨。(《合集》30028)

译文:命令"万"跳舞,会下大雨吗?

史,以手持屮形。"屮"为何物,众说纷纭,或言其为捕猎、抵抗的武器之形。甲骨文"事""史""使"三字同形,尚未分化。"史"做职官之名,参与军事活动,征伐敌方,并向商王贡纳。从卜辞呈现的"史"的具体职能可推测,卜辞之"史"并非我们目前认为的"记述历史"之官,而是一种武官。

例:贞:方其捷我史。

贞:方弗其捷史。(《合集》9472正)

译文：对贞卜辞。从正反两方面贞问：方是否会击败我们派出的史官呢？

犬，狗的象形，突出弯曲的尾巴。"犬"本为动物之名，亦可用作职官之名。犬官主管田猎之事，王贵民对此有精妙的解释："田猎中设置'犬'官，用以考察山林鸟兽活动行迹，及时向王室报告，并引导列队进行狩猎。"①

例：乙酉卜：犬来告有鹿，王往逐。(《屯南》997)

译文：乙酉日占卜：犬官来报告，某地出现了鹿，商王要前去逐鹿吗？

射，字形像弓矢在弓弦之上，蓄势待发之状。"射"本义为"射箭"，引申为射箭之人及管理射箭之事的职官。"射"为职官时，主要服务于战争之事。

例：庚午贞：射𢀖以羌用自上甲，惠甲戌。(《合集》32023)

译文：庚辰日贞问：射官"𢀖"在甲戌日用羌俘献祭上甲及其之后的先王，这是可行的吗？

"𢀖"为官员私名。甲骨文中官员的称呼常常用"官员+私名"的形式。"羌"是商西北部的一个方国，长期与商为敌，商人将俘获而来的"羌人"用作奴隶和人牲。

---

① 王贵民：《商朝官制及其历史特点》，《历史研究》，1986年第4期。

戍，字形像人在武器"戈"下，为保护防守义。"戍"做动词表示"戍守"，引申为"戍守之人"。"戍"是商代重要的武官，在戍守部队、抵御敌方上起着重要的作用。

例：勿令戍，其悔，弗捷。(《合集》27967)

译文：不要命令戍了，将会后悔的，戍没有翦灭敌方吧？

牧，字像手持棍棒赶牛之形。"牧"本为"放牧"义。商代已经开始集中畜养牛羊等牲畜，具有固定的牧场，因此产生了专门畜牧的官员"牧"。

> 《合集》493摹本

例：戊戌卜，宾贞：牧句人，令遣以罢。(《合集》493正)

译文：戊戌日，贞人宾贞问：负责畜养牲畜的官员"牧"向商王请求更多的人手，命令遣将这人带到罢地可以吗？

《玉篇·勹部》："匂,乞也,行请也。""匂"为乞求之义。该辞为牧官人手不够,向商王征求的记录。

臣,像竖起的眼睛之形。在"等级森严的商代阶层"中,我们已经介绍过"臣"本为奴隶,但"臣"又可以表示官员的泛称。

例1：于帝臣,有雨。(《合集》30298)

译文：向上帝的臣下进行祭祀,会下雨吗？

在商人眼中,作为世界统领的上帝拥有一定的管理世间的法则,拥有自己的官员。帝臣听从上帝指令掌管日月星辰、风雨雷电。商人向帝臣进行祭祀,祈求风调雨顺,是十分自然的行为。

卜辞中常常称"小臣",或在"小臣"后加私名,如"小臣中",或在"臣"后加私名,如"臣舌"。小臣一般有具体的分工："小耤臣",是管理农事的官；"马小臣",是管理马匹的官；"小丘臣",是管理丘陵树木的官；等等。

例2：贞：惠小臣令众黍。一月。(《合集》12)

译文：某日贞问：要不要命令小臣带领众人种黍呢？

"臣"本为奴隶,但又可以表示官员,为何会同时表示地位悬殊的两种人呢？汪宁生称对广大奴隶进行残酷压榨,必须采取分化政策,即收买奴隶中少数变节者作为监工,监视其他奴隶。作为监工,这批人必须时刻警醒,张目远望,因此用瞋目远望的"臣"字来命名。这批监工为商王服务,逐渐得到主人信任,为自己赢得了一条上升通道。

七、商人的庇护之所

房屋是人们抵御恶劣的自然环境、避免野兽攻击、休养生息、生产劳动的容身之所,也是社会发展的必然产物。《易经·系辞》:"上古穴居而野处,后世圣人易之以宫室,上栋下宇,以待风雨。"从远古的洞穴到人工建造的坚固屋室,体现了人类文明发展的进程。从考古发掘的建筑基址以及甲骨文字来看,商王城已经有了井然有序、结构严密、各具功能的建筑群,建筑工艺达到了较高的水平。《诗经·商颂·殷武》中即描写商都邑富丽辉煌,是四方的表率,称:"商邑翼翼,四方之极。"

邑,字形像跪坐之人位于城郭之下。据考古发掘,夏商时期的城市遗址多为方形,"囗"像城郭之形。"邑"表示人居住的地方,即城邑。卜辞中常常见"作邑",即为是否建造都邑而进行占卜。《诗经·大雅·绵》记录建筑都邑前施以占卜,求神之旨意,定民之心:"爰始爰谋,爰契我龟:曰止曰时,筑室于兹。"郑玄注:"契灼其龟而卜之。"

例:戊子卜,㱿贞:我作邑。(《合集》13491)

译文:戊子日,贞人㱿贞问:我们要建造都邑吗?

宋镇豪说商王朝度地立邑以治其民[1]。"邑"是人为划分管理的,是商代最基本的民众聚居组织。

---

[1] 宋镇豪:《商代邑制所反映的社会性质》,《中国史研究》,1994年第4期。

第二编 甲骨文字——走进商代生活的钥匙

廩,像粮仓之形。"廩"本义即为粮仓,即储存粮食的建筑物。粮食是人们生活的重要保障,只有粮仓充盈,人们才会知礼守节。《管子·牧民》言:"仓廩实而知礼节。"卜辞中常见商王命令某人去巡查粮仓的记录。

例:己亥卜,惠并令省在南廩。(《合集》9639)

译文:己亥日贞问:命令并(人名)去南边的粮仓视察可以吗?

鄙,"廩"在"囗"下,"囗"指城邑,"廩"为粮仓,"鄙"字像城邑之外有粮仓之形。有农业生产的地方一般为边远地区,也就是"边鄙"。

例:癸巳卜,殼贞:旬无忧。王占曰:有咎,其有来艰。迄至五日丁酉,允有来艰自西。沚馘告曰:土方围于我东鄙,捷二邑。舌方亦侵我西鄙田。(《合集》6057正)

译文:癸巳日占卜,贞人殼贞问:十天之内没有什么灾祸吧?商王察看卜兆后说:有灾祸啊,将会有灾祸到来啊!到第五日丁酉那一天,果然有来自西边的祸事。沚馘来报告说:土方围攻了东边的边鄙,翦除了两座城邑。同时,舌方入侵了西边城鄙的田地。

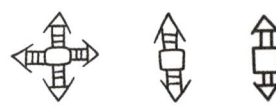

郭（墉），像城墙四周或两边建有亭子，甲骨文字形是从上向下俯视的平面之形，既是"郭"字，又是"墉"字，这是早期文字中"一形多用"的现象，即用相同的形体表示意义相近的多个不同的字。《管子·度地》："内为之城，外为之郭。"但商代城市的划分是否如此，还不能确定。卜辞中"郭兮"一词多用来表示时间。

囿，像园中有草木之形，表示园林。商代苑囿的面积比较大，可供商王狩猎，也可供居住游玩。

例：乙未卜，贞：黍在龙囿酱，受有年。二月。（《合集》9552）

译文：乙未日占卜，贞问：在龙地的苑囿里种植黍子，会有好的收成吧？时在二月。

宀，像房屋的框架，泛指房屋。

例：辛未卜，作宀。（《合集》22246）

译文：辛未日占卜：建造房屋可行吗？

室，从宀，至声。卜辞中的"室"常为祭祀场所，如"大室""中室""东室""新室""血室"等。

例：[于]新室奏。(《合集》31014)

译文：在新室里举行奏祭怎么样？

庭，从宀从𦣞，"𦣞"为古"听"字，"𦣞"亦为声符。字形表示王听政于庭，"庭"指商王办公、处理政事的地方，也指举行祭祀的场所[①]。

例：王其飨于庭，□。(《屯南》2276)

译文：商王在庭中举行宴飨会顺利吗？

宗，从宀从示，示为神主之形。屋中摆放神主，为宗庙之所在。《说文》："宗，尊祖庙也。从宀从示。""宗"为商人祭祀的场所。

例：贞：勿于新宗酻。八月。(《合集》13547)

译文：贞问：不能在新建的宗庙里举行酻祭吗？时在八月。

宫，从宀从𠃜，商代的宫室类建筑主要为四合院式。𠃜，宋镇豪称其为建筑群的形体组合。"宫"泛指房屋。《尔雅·释宫》："宫谓之室，室谓之宫。""宫"为商人起居、宴飨、祭祀之所。

[①] 张富海从字形、语音、语义三个角度认为旧将"𦣞"字释为"廷""庭"应误，"𦣞"具体为何字有待进一步研究。参看张富海：《商代文字所谓"庭"字献疑》，《出土文献与中国古代史》第1辑，中西书局，2021年。

例：癸巳卜，贞：在𢽅，天邑商公宫，卒，兹夕无忧，宁。(《合集》36540)

译文：癸巳日在𢽅地贞问：在天邑商的公宫进行祭祀，这晚没有灾祸，会安宁和谐的吧？

"天邑商"又称"大邑商"，为商王所处都邑所在地，是商代王畿区。"公"为"宫"之名。除"公宫"之外，卜辞还可见"从宫、羌宫"等。

寝，从宀从帚，帚亦为声符。帚为扫帚之形，"寝"像放有洒扫之物的房屋，为人的日常生活居所。一般认为，"寝"为寝室、卧室。

例：甲午贞：其令多尹作王寝。(《合集》32980)

译文：甲午日贞问：命令官员建造王的寝殿可以吗？

户，像单开之门。甲骨文"户"指"单开门"，所在辞例与"门"相近。

例：于宗户寻王羌。(《屯南》3185)

译文：要在宗庙之门寻祭王的羌人吗？

除"宗户"外，卜辞中还可见"三户、庭西户、南户"。

门，像双开之门，卜辞中用作宗庙宫室之门。

第二编 甲骨文字——走进商代生活的钥匙

例：辛亥卜，㱿贞：于乙门令。

辛亥卜，㱿贞：勿于乙门令。(《合集》12814正)

译文：对贞卜辞，大意为：辛亥日，贞人㱿贞问：王要不要在乙门下命令呢？

"乙门"为宗庙门之一，除此之外还可见"南门、宗门、东门、三门"等。

官(馆)，"官"为"馆"的初文。"官"字像众人在房间里休息，表示"处所"，在卜辞中为祭祀之所。

例：戊戌卜，侑岁父戊牛一，于官(馆)用，不。(《合集》22045)

译文：戊戌日贞问：要在馆里用一头牛侑祭和岁祭父戊吧？占卜的结果不予以施行。

京，像由高架支撑的高台类建筑。《说文》："京，人所为绝高丘也。""京"在卜辞中或做特定场所。《墨子·辞过》称"室高足以辟润湿"，指出建造宫室之法包括抬高地基以抵御潮湿，"京"这样的高台类建筑的建造或许有防水防湿的考量。"京"在卜辞中也常用地名。

例：己未，宜于义京羌三[人]，卯十牛。(《合集》388)

译文：乙未日贞问：在义京之地割裂三个羌人，剖开十头牛向神灵献祭可以吗？

"宜"和"卯"均为祭祀时处理祭牲的方法。从字形上看，"宜"是将祭牲割裂置于案板上，"卯"是将祭牲从中间剖开。

单，甲骨文像一种武器形，分叉的杆上端绑缚有石块。卜辞可见"四单"：东单、西单、北单、南单。"四单"之"单"或为经过修整过的祭祀之所。胡厚宣读"单"为"墠"，义指在郊外开辟的平地。"四单"即是指以商邑为中心的四方远郊。

例1：庚辰卜，囗贞：翌癸未选西单田，受有年。(《合集》9572)

译文：庚辰日贞问：明日癸未，在西单选择可以耕种的土地，会有丰富的年成吧？

裘锡圭指出"选田"是指在撂荒地中选择适合耕种的土地。

例2：庚辰，王卜，在㯱贞：今日其逆旅以执于东单，无灾。(《合集》36475)

译文：庚辰日，王在㯱地贞问：今日在东单迎接凯旋的师旅及俘虏，不会有灾祸吧？

战争结束后，迎接凯旋的将士，进行祭祀仪式，将擒获的战俘献给神灵，这是商代军礼的一部分。

第二编 甲骨文字——走进商代生活的钥匙

阜,像层层叠起的山峰之形,又像拾级而上的台阶。徐中舒说:"古代穴居,于竖穴侧壁挖有 形之脚窝以便出入登降。"①"阜"在卜辞中可做建筑物之名,可见"庭阜、阜辟、阜西"等,从卜辞辞例看,均为祭祀之所。

裘锡圭认为旧释"阜"之字,应释为"𠂤"②,"𠂤"是堆的初文,读为"殿",为人工堆筑的堂基一类的建筑。"庭阜"为大堂的殿堂。"阜西"为"殿堂之西"。"阜辟"指"殿堂之旁"。

例:癸酉卜,㱿贞:旬无忧。王二曰:"旬。"王占曰:"有咎,有梦。"五日丁丑,王宾中丁礿,陁在庭阜,十一月。(《合集》10405正)

译文:癸酉日,贞人㱿贞问:十日之内不会有灾祸吧?王再次向神灵乞求。王看卜兆推断说:接下来的十天会有灾咎,我会做噩梦。五天后的丁丑日,王亲自迎接祖先中丁,来为中丁举行祼祭,在高大的殿堂中发生了倾倒的事故。时在十一月。

家,从宀从豕或从豭,像在房屋中畜养家畜之形。豭,义为

---

① 徐中舒:《甲骨文字典》,四川辞书出版社,2006年,第1507页。
② 这里所说的"𠂤"为"堆"的初文,同古"师"字"𠂤"并非一个字。在甲骨文中古"堆"字一般写作" ",古师字一般写作" ",笔画呈弯曲状,晚期卜辞中两种字形也可相混。

公猪，亦是"家"字的声符。猪是人类最早驯化并饲养的牲畜之一，蓄养于房屋内的猪，是一个家庭的财富，亦是一个家庭的象征。"家"在卜辞中也是举行祭祀的场所。

例：壬午卜，贞：其[侑]报于上甲家，其□。(《合集》13581)

译文：壬午日占卜，贞问：在上甲的宗庙里进行侑祭和报祭吗？

八、精巧的物品工具

商人重玉，从甲骨卜辞、出土文物、传世文献中都可以窥其面貌：甲骨文"宝"字以"玉"为义符；商代妇好墓中出土大量造型精美、功能多样的玉器；商纣王在其国破身亡的那一刻也记得"衣其宝玉衣"；商人以玉为财富地位的象征，大量聚揽玉器。《逸周书·世俘解》记载，武王伐商"俘商旧玉亿有百万"。这些足见商人视玉为珍宝。

此外，商代的青铜文化也十分繁荣。郭沫若在其所著的《青铜时代》中称："现存殷彝及殷虚出土的铜器，由其花纹形式及品质而言，冶铸的技术已极端高度化。"[1]青铜铸造的乐器、礼器、兵器等不仅是商代社会生活的反映，亦是商人审美艺术的集中呈现。

---

[1] 郭沫若：《郭沫若全集·历史编·第一卷》，人民出版社，1982年，第601页。

玉，字形似串起来的玉石。《说文》："玉，石之美。……象三玉之连，丨，其贯也。"玉一直以来都被人们看作自然灵气的结晶，被人们赋予了丰富独特的文化内涵。商人也不例外，将玉器视作沟通神灵的祭祀之物。

例：其沉玉。(《屯南》2232)

译文：要把玉沉在水中来祭祀吗？

珏，像两串串起的玉石。《说文》："珏，二玉相合为一珏。"卜辞中表示玉器。卜辞中有以"珏"为祭祀对象的例子。祭祀宝玉，可见商人对玉器的珍爱程度。

例：丁酉卜，争贞：燎于二珏，十又五人，卯十牛。(《合集》1052正)

译文：丁酉日，贞人争贞问：用十五个人、剖开十头牛，对两个珏进行燎祭可以吗？

琮，古代一种方柱形的玉器，中有圆孔。张光直在《谈"琮"及其在中国古史上的意义》中谈到，古人认为天圆地方，而琮的形体为外方内圆，从中贯通，就像将天与地贯通起来。先民认为玉在天地沟通中有独特作用，视玉琮为贯通天地的器物。

贝，像海贝之形。贝在商代作为货币，可以交换，是财富的象征。《尚书·盘庚中》载，"兹予有乱政同位，具乃贝玉"，孔传"乱，治也。此我有治政之臣，同位于父祖，不念尽忠，但念贝玉而已，言其贪"，也即讲述了商代政治积弊在于大臣不尽心治理政事，只想着谋求贝、玉等财富。卜辞中有商王赏赐"贝"的记录。

例：庚戌卜，□贞：赐多女有贝朋。(《合集》11438)

译文：庚戌日，某人贞问：赏赐多女一朋贝可以吗？

"多女"为商宗族内部贵族的女性后代。"朋"为贝的计量单位，或说五贝为一朋。

鼓，""即鼓的象形，"攴"为手持小槌之形，"鼓"字表现出手持小槌击鼓之状。鼓是商代最常见的礼乐器之一，在重要的祭祀、宴飨活动中经常要演奏鼓。

例：□寅卜，即[贞]：……置鼓……(《合集》23603)

译文：□寅日，贞人即贞问：要安置好鼓吗？

豐，从壴从玨。"豐"为一种用玉装饰的大鼓。

例：丙戌卜,惠新豐用。

惠旧豐用。兹用。(《合集》32536)

译文：选贞卜辞。丙戌日占卜,贞问:是用新的大鼓,还是用旧的大鼓呢？最后依照占卜结果,选择使用旧的大鼓。

庸(镛),从庚,同声。"庸"即"镛"的早期写法。"庸"指商周青铜器里的大铙,是一种器柄向下、口部向上的打击乐器。在祭祀神灵之时,敲击铙口而演奏。

例：惠父庚庸奏,王侃。

惠祖丁庸奏。(《合集》27310)

译文：选贞卜辞。大意为:演奏为父庚所做的庸会使商王喜乐,还是奏为祖丁做的庸会使商王喜乐呢？

> 虎纹青铜铙（摄于中国国家博物馆）

磬，磬字像手持小槌敲打悬挂之石，本指一种敲打乐器。《说文》:"磬，乐石也。从石、殳。象悬虡之形。""磬"在卜辞中多用作地名。

例：惠磬田，无灾。(《合集》28894)

译文：在磬地田猎，不会有灾祸吧？

> 妇好墓出土凤鸟纹石磬(图源：柴晨鸣：《国家博物馆展出的妇好墓出土玉器》，《文物天地》，2017年第1期)

第二编 甲骨文字——走进商代生活的钥匙

美,从羊从大。《说文》有言,"美,甘也。从羊从大。羊在六畜主给膳也。美与善同意",像人头戴羊角等装饰物,外表漂亮美好。"美"在卜辞中表示一种乐器,或乐名。

例:惠小乙美奏。吉。(《合集》33128)

译文:要为祖先小乙演奏美这种乐器吗?

竽,"𠔌"为"竽"的象形初文。一种管乐器。成语"滥竽充数"就是指一个不会吹竽的人混在人群里面假装吹竽。

例:辛酉卜,出贞:其置新竽,陟告于祖乙。(《合集》22912)

译文:辛酉日占卜,贞人出贞问:放置新制作的竽,依次对祖乙之上的祖先进行告祭吗?

鼎,《说文》:"鼎,三足两耳,和五味之宝器也。"鼎原本是古代煮食物的器具,后来逐渐变成铭刻功绩的礼器,成为身份地位的象征。

> 后母戊鼎(摄于中国国家博物馆)

例：□□[卜]，王：侑母庚豕，鼎。用。(《合集》19962)

译文：某日商王亲自占卜，贞问：要献上猪和鼎来侑祭祖先神"母庚"吗？其后依据卜兆显示的结果进行了相应的祭祀活动。

鬲，《说文》："鬲，鼎属。……象腹交文，三足。"鬲是古代的炊煮器具，圆口，三足分档，足内中空，以便于加热，有陶鬲，有青铜鬲。

> 青铜鬲(摄于中国国家博物馆)

第二编　甲骨文字——走进商代生活的钥匙

例：甲戌卜,贞:其尊鬲,杀十牛于丁。(《合集》1975)

译文：甲戌日占卜,贞问:击杀十头牛,献上鬲来祭祀丁吗?

甗,蒸煮器,分上下两个部分,上面为"甑",用以盛米,下面为"鬲",用以烧水,中部有气孔。相当于现在的"蒸锅"。如"妇好三联甗"。

> 妇好三联甗(摄于中国国家博物馆)

簋,《说文》:"簋,黍稷方器也。"簋是盛食器,圆口两耳,侈腹圈足。今天北京有一条闻名的美食街叫"簋街",用盛放美食的器具来命名,则使其具有了丰富的文化内涵。

> "禽"青铜簋(摄于中国国家博物馆)

爵[1]，酒器，有流、鋬、两柱、三足。爵是商代贵族最重要的礼器之一，重大的祭祀、宴飨活动都少不了爵的身影，爵使用数量的多寡彰显了贵族的等级、身份和地位。

> 商代青铜爵（摄于中国国家博物馆）

尊，双手奉酒杯之形。盛酒器，一般形制为长颈、侈口。

> 四羊青铜方尊（中国国家博物馆官网网站）

---

[1] 李春桃认为旧释为"爵"的三足器定名为"斝"更为合适。参考李春桃：《从斗形爵的称谓谈到三足爵的命名》，《中央研究院历史语言研究所集刊》第89本第1分，2018年。

第二编　甲骨文字——走进商代生活的钥匙

卣，盛酒器，一般形制是圆形、深腹、敛口圈足，有提梁和盖。

> 商代青铜卣（摄于中国国家博物馆）

斗，舀酒器，多为圆筒形，有长柄。

> 妇好铜斗（摄于中国考古博物馆）

壶，盛酒器，圆腹、敛口圈足，有盖和两耳。

> 铜壶(摄于中国考古博物馆)

凡，盘形，用于盥洗的器具，一般为方形、浅腹、平底大口，大者可用于沐浴。《礼记·丧大记》："沐用瓦盘。"

> 青铜盘(摄于中国国家博物馆)

第二编 甲骨文字——走进商代生活的钥匙

册,像用编绳串联的竹简册子。从此字形可以推断出商人已经以竹简为书写工具,《尚书·多士》载"惟尔知,惟殷先人,有册有典"。只可惜简册易腐,难以流传下来,所以我们现在还未看到殷商时期的竹简出土。

例:□□[卜],穀贞:沚戜称册。王比伐土[方]…(《合集》39853正)

译文:某日占卜,贞人穀贞问:沚戜接受了王的册命,王要联合沚戜去讨伐敌对方国土方吗?

九、常见的动物

殷商时期的中原大地植被茂密,是大量动物栖息的家园。根据气象学、天文学和考古学的相关资料,当时中原地区的气候较现在更加温暖湿润,平均气温比现在高3℃左右,降水丰富,适宜动植物繁衍生息。甲骨卜辞中所涉及的动物种类众多,除了牛、羊、马等常见动物外,还有现在已不在当地生存的大象、老虎等珍贵动物。

虎，甲骨文作巨口利齿、文身长尾之形，突出了老虎的特征。卜辞中有捕虎的记录，但虎这种凶猛的动物是较难擒获的，因此卜辞记载的田猎活动中，获虎的数量仅是一二。

例：辛酉，王田于鸡录，获大䖘虎。在十月，佳王三祀肜日。（《合集》37848反）

译文：辛酉日，王在鸡山山脚下，擒获了大白虎，时在10月，即商王的第三次周祭肜日之时。

《合集》37848是一版珍贵的虎骨刻辞。猎虎不易，王在鸡山山脚下捕获了珍贵的虎，用虎骨刻录下，以彰显王田猎的神威。虎骨上雕刻有花纹，并用绿松石镶嵌，可以称得上是一件精美的艺术品。该虎骨刻辞现藏于加拿大皇家安大略博物馆。

《合集》17849甲骨上刻写有一只遍布花纹，惟妙惟肖的"虎"字。

豹，甲骨文字突出了豹子身上的花纹之形，与"虎"相区别。"豹"在甲骨卜辞中尚未见用作本义的例子，多用作人名。

> 《合集》17849照片（摄于国家典籍博物馆）

第二编 甲骨文字——走进商代生活的钥匙

象，《说文》："象，长鼻牙，南越大兽，三年一乳。象耳牙四足之形。"甲骨文字形生动地勾勒出了大象的形体，并突出大象长鼻子的特征。在殷商时期，中原盛产大象，大象已被人们驯化，辅助人们劳作，"作为"之"为"的繁体字形"為"，即以手牵象，驱使大象劳作之形。大概西周时期，大象逐步南迁至长江以南，这一点在《吕氏春秋·古乐》中有记载："商人服象，为虐于东夷。周公遂以师逐之，至于江南。"

河南简称"豫"，似有"大象之都"的含义。在甲骨卜辞中也可见到关于擒获野生大象的记录，但十分少见。

例：…获象。(《合集》10222)

译文：擒获大象了吗？

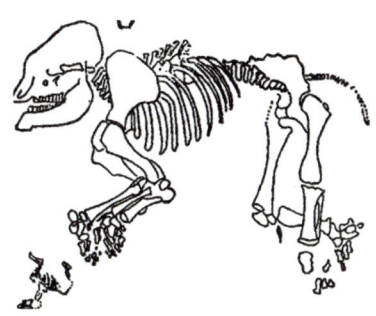

> 安阳武官村北地象祭祀坑(图源:《考古》1987年第12期)

兕，兕为何种动物，旧有两种说法，分别为野生圣水牛、犀

牛。经过学者们对兕骨的生物学鉴定,确定兕应为野生圣水牛。①

例:王异戊其射在穆兕,擒。(《合集》28400)

译文:商王在戊日那天去射杀穆地的野牛,会有所擒获吧?

鹿,甲骨文像头上长有分叉形鹿角的鹿形。单育辰所著《甲骨文所见动物研究》,根据安阳殷墟之哺乳动物群动物骨骼鉴定报告,指出甲骨文中的"鹿"所指的是梅花鹿。

麇,甲骨文为无角之鹿,即獐子,是一种无角、短尾、四肢粗壮的小型鹿科动物。

麋,《说文》:"麋,鹿属。从鹿,米声。麋,冬至解其角。"甲骨文"麋"字,突出眼睛上的眉毛,既用来表音,亦用来表意。麋即我们俗称的"四不像"。

例:其田遘麋,王其射,无灾。(《合集》28360)

译文:王田猎时碰到了麋鹿,商王去射杀它,不会遇到灾祸吧?

---

① 雷焕章著,葛人译:《商代晚期黄河以北地区的犀牛和水牛——从甲骨文中的兕和兕字谈起》,《南方文物》,2007年第4期。

第二编 甲骨文字——走进商代生活的钥匙

139

兔,甲骨文像长耳而短尾的兔子之形。

例:辛卯卜,𠂤贞:呼多羌逐兔,获。(《合集》154)

译文:辛卯日占卜,贞人𠂤贞问:让许多羌人奴隶去追逐兔子,会有所收获吗?

隹,《说文》:"隹,鸟之短尾总名也。象形。"在卜辞中"隹"多用作虚词"唯"。

例:贞:不隹(唯)母丙害。(《合集》2530正)

译文:贞问:不是母庚为害吧?

鸟,长尾之鸟形。《说文》:"鸟,长尾禽总名也。象形。"

例:辛未卜,鸣获井鸟。

鸣不其[获]井鸟。允…(《合集》4725)

译文:对贞卜辞。其大意为:在辛未日占卜,从正反两方面贞问:鸣(人名)会捕获井地的鸟吗?

雉,从隹,矢声。野鸡。

例:□□王卜,贞:田丧,往来无灾。王占曰:"吉。"兹孚。

获雉三十三。(《合集》37510)

译文：某日王占卜，问：在丧地田猎，不会遇到灾祸吧？商王察看卜兆后说："吉。"这天打猎果然如此。擒获了三十三只野鸡。

鱼，像鱼之形。《说文》："鱼，水虫也。象形。鱼尾与燕尾相似。"商人已有捕鱼之能，鱼类是商人重要的食物之一。

例1：丁亥卜，王，豕获鱼。□获。(《合集》20739)

译文：丁亥日王贞问：豕(人名，经常为商王捕鱼)可以捕获鱼吗？豕捕获了鱼。

从甲骨文看，商人已经认识到鱼具有不同的种类。

例2：乙未卜，贞：豕获鲔。十二月，允获十六，以羌六。(《合集》258)

译文：乙未日贞问：豕能捕获鲔鱼吗？在12月，豕果然获得了十六条鲔鱼以及①抓捕了六个羌人。

鲔，甲骨文写作"鲔"，学者考证即为"鲟鱼"。

龟，像乌龟之形，甲骨文描绘龟的头，龟甲花纹以及龟爪，形象生动。由于占卜之需，商人对乌龟的需求极大。卜用的龟

---

① 王子杨认为此辞之"以"为"延及、连带"之义，参看王子杨：《谈甲骨文"以"的一种用法》，《出土文献》，2017年第1期。

第二编 甲骨文字——走进商代生活的钥匙

甲,其大部分为族众、方国贡纳,小部分为本地所产。

例:[王占]曰:吉…方至。允[至以龟]冂八、鳖[五百十。四月]。(《合集》8997)

译文:该条卜辞残缺,可以大致推断其意思为:王看卜兆判断说,某方会来进献龟甲的。其后,某方果然来到商都,向商王进献了8只冂龟、510只鳖。

豕,甲骨文像竖起的大猪形,突出表现猪肥硕的腹部。甲骨文用猪在屋中,来表示"𠇑(家)"字,可见猪应是较早被人们驯化饲养的动物。

例:贞:侑豕于父甲。(《合集》780)

译文:贞问:用豕侑祭父甲吗?

豖,甲骨文从豕,小点表示劁猪,豖指被阉割的猪。

例:妣己燎二豖,卯二牛。(《合集》2441)

译文:烧燎二头被阉割的猪,剖杀一头牛来祭祀妣己。

彘,甲骨文像一支箭射中猪的身体,表示田猎的对象,特指野猪。

例：贞：侑彘于娥。(《合集》14784)

译文：贞问：向女性祖先神侑祭野猪可以吗？

马，《说文》："马，怒也。武也。象马头毛尾四足之形。"甲骨文突出其颈上的鬃毛。当时，马已被驯化为商人重要的交通工具。

> 殷墟妇好墓出土玉马（摄于中国国家博物馆）

牛，《说文》："牛，大牲也，牛，件也；件，事理也。象角头三，封尾之形。"甲骨文突出牛角的特征。

牝，从牛从匕，本义为母牛。甲骨文常用"𠤎"来表示雌性动物，或从羊从匕，如"𢒗"，表示母羊。或从马从匕，如"𩢡"，表示母马。

第二编 甲骨文字——走进商代生活的钥匙

牡，从牛从丄，"丄"为牡器的象形，甲骨文常用"丄"来表示雄性动物。"牡"的本义为公牛。

例：丁亥卜，行贞：其侑于母辛、母己牡。(《合集》23411)

译文：丁亥日占卜，贞人行贞问：要用公牛对母辛、母己进行侑祭吗？

牢，上图字形像被围栏圈住的牛。该字用来指圈养的专门用于祭祀的牛、羊等牲畜。

例：卯牢又一牛，王受佑。吉。(《合集》26915)

译文：剖杀一头圈养的专门用于祭祀的牛和一头普通的牛，商王会受到保佑吧？

羊，《说文》："羊，祥也。从𠔉，象头角足尾之形。孔子曰：牛羊之字以形举也。"甲骨文突出其粗壮、向下弯曲的羊角的特征。

牛及羊是商人重要的牲畜，是重要的食物来源及祭祀用牲。

犬,《说文》:"犬,狗之有悬蹄者也。象形。孔子曰:视犬之字如画狗也。"甲骨文突出狗尾弯曲的特征。

例:贞:燎三犬,三羊。(《合集》1621正)

译文:贞问:烧燎三条狗、三只羊向祖先进行祭祀可以吗?

十、常见的植物

商代已经进入农耕时期。《史记·孝文本纪》:"农,天下之本,务莫大焉。"农业是国家的根本,粮食是人们赖以生存的物质资料。从甲骨卜辞可知,商王十分重视农业生产,常常卜问"受年""受禾",即是否有好的收成。商人已经掌握了基本的种植技术,懂得土地、气候影响年成,他们种植的农业作物主要是"禾"(小米)和"麦"。

禾,《说文》:"禾,嘉谷也。"甲骨文像茎、叶、根俱全而成熟的禾谷垂穗形,本指谷子,即小米。谷子是古代北方最重要的谷物,因此用以表示一切谷物类农作物的总称。

例:辛未贞:其祷禾于高祖,燎五十牛。(《合集》32028)

译文:辛未日占卜,贞问:要燎祭五十头牛向高祖祈求好的年成吗?

黍,《说文》:"黍,禾属而黏者也。以大暑而种,故谓之黍。"甲骨文突出黍之散穗形。"黍"是卜辞中出现次数最多的农作物之一,可以看出商王对黍类作物的重视程度。卜辞可见商王亲自前往农田,参与种黍劳作。

例:乙卯卜,殻贞:王莅黍。(《合集》9523)

译文:乙卯日占卜,贞人殻贞问:商王要莅临参加种黍收黍吗?

麦,《说文》:"麦,芒谷。秋种厚埋,故谓之麦。"甲骨文本用"来(𡳿)"字表示麦子形,"来"是麦子之"麦"的本字,但"来"字常常假借为"过来"之"来"。"𡳿"在"𡳿"字基础上增加倒行的脚,即"止",其本亦是表达"过来"之"来",但这个功能长期被"𡳿"所占用,故用"𡳿"来表示"麦子"的"麦"。

例:翌己酉无其告麦。(《合集》9621)

译文:第二天己酉日不用向商王报告麦子的生长情况吧?

甲骨文中多见"告麦"一语,"告麦"具体所指为何,学者多有争议,于省吾认为:"商王在外边的臣吏,窥伺邻近部落所种或所收获的麦子,对于商王作了一种情报,商王根据这种情报,才进行武力掠夺。"①

木,《说文》:"木,冒也。冒地而生。东方之行。从屮,下象其根。"甲骨文像枝、干、根俱全的一棵树形。

例:□午卜,古贞:□艺木。(《合集》5749)

译文:某日,贞人古贞问:要种植树木吗?

林,两棵树木并立之形,表示树木丛生之义。《说文》:"林,平土有丛木曰林。从二木。""林"本义为"森林",甲骨文中无用作本义之例。

十一、山川地理

在中国广袤的土地上,重峦叠嶂的山脉与交织密布的河流形成了壮美的自然景观。田地上的阡陌纵横,湖泊的星罗棋布,以及山川地理的多样性,共同描绘出世界的丰富与壮丽。

---

① 于省吾:《商代的谷类作物》,《东北人民大学人文科学学报》,1957年第1期。

山，像连绵耸立的山峰之形。高山巍峨，难以撼动。商人以山为神明，对其进行祭祀。

例1：庚午卜，其祷雨于山。(《合集》30173)

译文：庚午日占卜，向山神祈求充足的降雨。

例2：辛□，贞：⋯燎于十山。(《合集》34166)

译文：辛日，贞问：要向十座山进行燎祭吗？

"十山"具体所指，尚待研究。除"十山"外，还有"九山、五山、三山、小山"等。

川，像弯曲的河流之形，其外的两条实线为两岸。《说文》："川，贯穿通流水也。""川"本义应为"河水"，在卜辞中和"水"用法相近。"川"也可做祈雨祭祀之对象。

例：即川燎，有雨。(《合集》28180)

译文：靠近河流，进行燎祭，其后会下雨吗？

水，像蜿蜒流动的水流之形。卜辞中的"水"可作本义，表"流水"。

商人长期面临严重的水患，甚至为此多次迁居。《水经注》卷六称商代故都被水灾所毁："汾水又西径耿乡城北，故殷都也。帝祖乙自相徙此,为河所毁,故《书叙》曰:祖乙圮于耿。"晚商都城小屯位于洹河之滨,同样为水患所困。卜辞中也可见商人贞问是否会遭遇水灾之辞。

例1:庚辰卜,大贞:无有大水。

贞:其有大水。(《合集》24439)

译文:对贞卜辞。其大意为:庚辰日,贞人大贞问:会不会发大水呢?

水灾对农田的毁坏巨大,商人担心水灾影响农业收成,于是贞问。

例2:贞:今秋,禾不遘大水。(《合集》33351)

译文:贞问:今年秋季,禾苗会不会遭遇大水呀?

火,像燃烧的火焰之形,与"山"字相近,区别在于"火"字下端较为弯曲。

例:□卯卜,火不延。(《合集》30774)

译文:卯日贞卜,火不会延续吧?

石,像石块之形。卜辞"石"多用作人名、地名。

田,阡陌纵横的田地之形。殷商时期,田猎与农业密切相关。商人焚田围猎,也是一种增加耕地面积的举措,经过焚烧后的土地会变得易于耕种,野兽常常为害农田,田猎活动在一定程度上能减少野兽对农田的攻击。卜辞中"田"同时具有"农田"及"田猎"义。

例1:戊辰卜,宾贞:令永雍田于盖。(《合集》9476)

译文:戊辰日,贞人宾贞问:命令永(人名)在盖地修整土地可以吗?

例2:乙未卜,翌丙申,王田,获。允获鹿九。(《合集》10309)

译文:乙未日占卜,第二日丙申,王去田猎,有所猎获吗?果然擒获了九头鹿。

麓,"麓"有两种写法,两字均以"山林"之"林"为义符,表明该字的意义。不同之处在于,第一种写法以"彔(ᖼ)"为声符,第二种写法以"鹿(ᖼ)"为声符,均表明该字的声音。"麓"义为"山脚"。《诗经·旱麓》:"瞻彼旱麓,榛楛济济。"毛传:"麓者,山足也。"

例:王惠成麓焚,无灾?(《屯南》762)

译文:王焚烧成山脚以捕获猎物,不会有灾害吧?

泉,像泉水从山穴泉眼中流出之形。《说文》:"泉,水原也。象水流出成川形。"卜辞中的"泉"一般指"洹泉",即"洹水"。

例：乙卯卜,贞:今早泉来水,次。五月。(《合集》10156)

译文：乙卯日占卜,贞问:今天早上洹水涨水,会泛滥吗?时在五月。

十二、经纬四方

商人已经形成了相当完备的多维空间观念。这种观念以中为核心,水平维度上分为东、南、西、北四个方位,每个方位都有其对应的神灵。在垂直维度上,则分为上、下两个等级,分别象征着天与地。

东,像以绳索捆缚两端的口袋之形,借用为表示方位之"东"。

例：贞:今二月宅东寝。(《合集》13569)

译文：贞问:今二月要住在东边的寝殿吗?

南,像悬挂的乐器之形,借用为"南"。①

---

① 黄博对"南"字的构字依据做出新的解释,他认为"南"字下部像有盖子的筒形器,上部像盖子上覆盖有植物,"南"是盛放肉酱的器皿。"南"是"醓"的本字。"醓"是一种肉酱。《说文》:"醓,肉酱也。"方位之"南",为音近假借用法。参见黄博:《甲骨文"南"及相关字补说》,《出土文献》,2020年第4期。

例：甲辰卜，贞：气令㠯以多马亚，省在南。(《合集》564正)

译文：甲辰日，贞问：命令㠯率领多马亚在南地省察可以吗？"多马亚"为武官"马亚"的集合称。

西，像鸟巢之形，借用为"西"。

例：贞：其有来羌自西。(《合集》6597正)

译文：贞问：有来自西边进献的羌人吗？

北，二人相背，表示相互背离，为"背"之早期写法，借用为方位之"北"。

例：贞：呼黍于北，受年。(《合集》9535)

译文：贞问：命令民众在北地种黍，会得到丰收吗？

商人具有四方之观念，并认为四方均有神灵，有四方之神、四方风神、四戈神及四巫神。

上，短横在长曲线之上。短横为指事符号，表示空间的上部。

下，短横在长曲线之下，短横为指事符号，表示在空间的下部。空间最上为"天"，最下为"地"。

例：己卯卜,殸贞:舌方出,王自征,下上若,我其受有佑。(《合集》6098)

译文：己卯日,贞人殸贞问:舌方出兵,王去征伐舌方,天地间的神祇会保佑我吧？王会受到保佑吧？

"下上若""上下若"是卜辞习语。"上下""下上"或指天地间众神祇。

左,左手之形,手指朝右。本义为左手,引申为方位之"左"。

右,右手之形,手指朝左。本义为"右手",引申为方位之"右。"
例：惠左马眔右马,无灾。(《合集》37514)
译文：左马和右马,都不会有灾祸吧？
"马"为商代的骑兵部队,有左、中、右三队。

中,关于"中"字的构字依据有多种不同的解释。有学者认为"中"像旌旗之形,旗面位于旗杆中间,旗子上的飘带随风摇曳。另有学者认为"中"是一种测风工具,"中"上的飘带是用来辅助判断风的方位和大小的。卜辞中有一条辞例为"丙子其立中,无风",其含义为"丙子日这一天,将'中'竖起来,不会没有风吧?"。由于测风工具一般位于四方之中,因此引申出"空间的中心"这样的抽象概念。

例:丁酉贞:王作三师,右中左。(《村中村南》212)

译文:丁酉日贞问:王建立三个军队,按右、中、左的名称进行划分吗?

在商人心中,"商"位于天地之中。《诗经·商颂·殷武》:"商邑翼翼,四方之极。"郑玄笺:"极,中也。"殷商都邑庄严雄伟,是天地四方的核心。商人自称为"中商",将"商"和东、西、南、北四方对立。

例:丁丑卜,王贞:商人受年。西罙南,从北罙东,不受年。

戊寅卜,王贞:受中商年。(《契合》80)

译文:丁丑日,王贞问:商人会获得丰收吧？商都西边和南边,北边和东边不会获得丰收吧？

戊寅日,王贞问:位于中心的商地会得到好的收成吧？

东北

例:壬午卜,有戎在斪东北,获。(《合集》20779)

译文:壬午日占卜:有戎敌在斪地东北方,能否擒获呢？

西南,商人有祭祀四方神的风俗。在已收录的卜辞当中,"西南"可以理解为西方和南方,并不指西方和南方中间的方位。

例：己未卜：其刚羊十于西南。(《合集》32161)

译文：己未日占卜：杀十头羊来祭祀西方和南方吗？

东南

例：其于东南。(《合补》13256反)

译文：要去东南方吗？

北西

例：田从北西。

田从东。(《契合》107)

译文：选贞卜辞，贞问：从北西部还是东部进行田猎呢？

入，本是出入之"入"，"入"在甲骨文中可读为"内"，与"外"相对。

例：壬午卜，古贞：王心[荡]，无艰[自]内。(《合集》7182)

译文：壬午日占卜，贞人古贞问：商王心脏不舒服，不会又有什么来自内部的艰险之事发生吧？

卜，本是占卜之"卜"，在卜辞中有时用为内外之"外"。

例:庚辰卜,于卜(外)⸮社

　　庚辰卜,于入(内)⸮社。(《合集》34189)

译文:选贞卜辞。"⸮"为祭祀动词,"社"为祭祀对象。其大意为:庚辰日占卜,要在内部还是外部对社进行祭祀呢?

十三、日月星辰

先民观测天象,以制定历法,划分节气,指导农业生产。商人心中,天象也预示吉凶祸害。当他们遇见罕见的天象时,便会担忧地占问是否有灾祸发生。因此,我们可以从甲骨卜辞中窥探3000多年前出现的奇异天象。甲骨文中有国内最早的关于日食和月食现象的记录。

日,太阳之形。

例:癸酉,贞:日夕有食,唯若。

　　癸酉,贞:日夕有食,非若。(《合集》33694)

译文:对贞卜辞。在癸酉日,从正反两方面占问:在傍晚天空发生日食现象,是否会顺利呢?

月，月有阴晴圆缺，甲骨文"月"字为半月之形，内部加点与不加点没有区别。"月亮"之"月"与表示夜晚的"夕"在甲骨文中同形，易发生混淆，需根据具体辞例区分。

民间故事里，月食的产生是因为天狗食月。通过甲骨文，我们发现，约3000年前的商人就已经观察到了这种罕见的天象并记录下来。

例：癸未卜，争贞：旬无忧？三日乙酉夕月有食，闻。八月。(《合集》11485)

译文：癸未日占卜，贞人争贞问：接下来的十天有无灾祸？第三天乙酉这天的晚上有月食。将这件事报告给商王知道。时在八月。

晶，像散落发光的星星之形，是"星"之本字。

例：…七月己巳夕向…有新大晶（星）并火。(《合集》11503反)

译文：…七月己巳日晚到…有一个新的大星宿和大火星并列出现。

商人在观测天象时发现了从未见过的恒星，于是记录下来。有学者认为新大

> 《合集》11503照片
（摄于国家典籍博物馆）

星即为超新星(并非新出现的恒星,而是演化末期的恒星,其亮度较高)。古人观测天象,在星空中将黄道附近的星象划分为二十八组,称之为二十八星宿,作为观测行星的坐标。这里的"大火星"即为二十八星宿中的心宿。《诗经·七月》:"七月流火,九月授衣。"这里的"火"并非指火焰,表示天气炎热,而同样是指"心宿"。因此,《诗经》这句话的意思即是"农历七月,心宿逐渐从西方落下,天气转凉,九月就要把裁制寒衣的工作交给妇女了"。

斗,像一种舀酒的器皿。古人观测天象,发现夜空中有7颗异常明亮的星星,它们相连的形状恰似"斗"形,这就是我们目前熟知的"北斗七星"。

> 夜空中的北斗七星

晕，甲骨文像太阳周围云气聚集形成光圈之形。《说文》："晕，日月气也。"商人认识到光晕这种现象的出现与天气的晴雨有关。

例：乙酉晕，旬癸巳向甲午，雨。(《合集》6928正)

译文：乙酉日太阳周围出现光晕，下一旬癸巳日到甲午日之间，会下雨吗？

甲骨文中包含了战争、田猎、祭祀等方方面面的活动，为了顺利地举行这些活动，商人往往需要占卜天气情况，因此卜辞中保存有丰富的记录天气现象的字词。卜辞中记录的天气情况，是世界上最早的关于气象的记载。

凤(风)，甲骨文像头戴高冠、羽毛丰满飘逸的凤鸟之形，假借为风雨之"风"。卜辞中有大风、小风、大骤风等。

例：辛未卜，王贞：今辛未大风不唯忧。(《合集》21019)

译文：辛未日占卜，商王贞问：今天刮大风不会造成灾患吧？

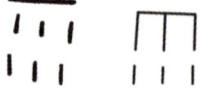

雨，像雨滴从天空中垂落之形。卜辞中有大雨、小雨、延雨、从雨、及雨、正雨等。

例1：乙卯卜,今日焚…从雨。(《合集》34485)

译文：乙卯日占卜,今天焚烧进行祭祀,会不会有随之而来的雨呢?

例2：乙酉卜,黍年有正雨。(《合集》10138)

译文：乙酉日占卜,黍生长的时候有适宜的雨水吗?

刘钊、季旭升释"正"为"适当"。

雪,从雨彗声,字中的小点像飘落的雪花。

例：庚子卜,雪。(《合集》34039)

译文：庚子日占卜,贞问:会下雪吗?

虹,彩虹之形,彩虹两端似张口的神兽的头。"虹"本是大气中一种光的折射和反射现象,商人认为其是一种两个头的神兽。到了汉代,《说文》仍然说"虹,螮蝀也。狀似虫"。

饮,像人俯身张口将舌头伸进酒樽中喝水之形。本义应为"饮酒",也可指饮其他液体。"饮"在甲骨文中可作本义。甲骨文中记录了"彩虹饮水"这样的奇异天象。

例：王占曰:有祟。八日庚戌有各云自东,冒母,昃亦有出虹自北,饮于河。(《合集》10405反)

译文：王看了卜兆判断说：会有灾异发生。八天之后果然天有异象，因此又在其后进行记录：在庚戌日，天空东边飘来层层叠叠的云，遮盖天空，使得天空变得黑暗。雨过天晴，日头偏西之时，有虹从北边出现，其头伸进黄河中饮水。①

黄天树认为"冒"有蒙覆之义，"母"读为"风雨如晦"之"晦"。"冒母"描述的是乌云遮天蔽日，天空变得黑暗的"黑云压城城欲摧"的景象。商人认为"彩虹"是从天而降的神兽，有两头，拱身，横跨在黄河之上，如同神兽在河中饮水。

>《合集》10405照片（摄于中国国家博物馆）

雷，"ᘹ"为闪电之形。"〇"表示闪电造成的声波。其本义为"雷电"。

---

① 释文参考黄天树：《甲骨文气象卜辞精解——以"各云""冒晦""出虹"等气象为例》，《书法教育》，2019年第5期。

第二编 甲骨文字——走进商代生活的钥匙

例：乙［丑卜］□□，雨。七日壬申雷，辛巳雨，壬午亦雨。（《合集》13417）

译文：乙丑日占卜，贞问：会不会下雨呀？其后第七日壬申日天空开始打雷，辛巳日下雨，壬午日也下了雨。

雹，像冰粒从天空中掉落之形。《说文》："雹，雨冰也。从雨包声。"卜辞中用为"冰雹"本义。

例：丙午卜，韦贞：生十月雨，其唯雹？（《合集》12628）

译文：丙午日占卜，贞人韦贞问：下个月十月下雨，会下冰雹吗？

阴，从隹，声。"隹"为短尾鸟。""为倒口形，也可写作""，为"亼"字，在字中用为声符。"阴"表示天气阴沉。

例：争贞：翌甲申赐日。之夕月有食，甲阴，不雨。（《合集》11483正）

译文：贞人争贞问：翌日甲申会不会出太阳呢？其后刻写占卜结果：这天晚上出现了月食，甲日是阴天，但没有下雨。

星，从晶生声，"晶（）"像散落闪烁的星星，只有晴空万里

之时，人们才能在夜空中看到星星，因此卜辞中"星"常用来表示"晴"，义为天气晴朗。

例：贞：翌戊申毋其星（晴）。(《合集》11496正)

译文：某日贞问：第二天戊申天气不会放晴吗？

启，像以手开窗之形，本义为开启，引申为云开天晴。

例：庚戌卜，事贞：今夕启。(《合集》13084)

译文：庚戌日占卜，贞人事贞问：今天晚上天会放晴吗？

易日，历来有三种说法：郭沫若的"阴日说"，孙海波的"变天说"，吴其昌的"赐日说"。第三种说法可从，"易日"表示祈赐日光、出太阳之义。

> 《合集》13450摹本

第二编 甲骨文字——走进商代生活的钥匙

例：乙未卜,王:翌丁酉酚伐,易日。丁明阴,大食…(《合集》13450)

译文：乙未日占卜,王亲自贞问:翌日丁酉举行酚伐之祭,会不会出太阳? 丁日天明时是阴天,大食…

后面卜辞残缺,我们可以大致推测其内容应是说大食之时就会出太阳了。

霎,从雨妻声,假借为"霁",表示雨停止之义。《说文》:"霎,霁谓之霎。从雨妻声。"

例：戊申卜,贞:今日霎。(《合集》38194)

译文：戊申日占卜,贞问:今天会不会雨停天晴呢?

十四、缤纷色彩

苏轼在《赤壁赋》中曾有这样的描述:"惟江上之清风,与山间之明月,耳得之而为声,目遇之而成色。"先民们在与自然共生的过程中,逐渐领略到了自然的丰富多彩,并对基本的颜色有了认知。

从甲骨文中可知,商人已经有了对黑、白、红、黄等颜色的认知,在日常生活中已经开始尝试用颜色来区分不同的动物类别,因此甲骨文中表颜色的字多与牛、羊、马等牲畜相联系。

黑，构形不明。唐兰认为像人面部受墨刑，即人面部刻纹涂墨的样子。《说文》："黑，火所熏之色也。""黑"在卜辞中表颜色义。

例：祷雨，惠黑羊用，有大雨。(《合集》30022)

译文：用黑色的羊祭祀以祈求雨水，会有大雨吗？

幽，从火从丝。"幺"为细丝，李孝定认为丝线细，以火点燃，则亮起幽暗的火光。"幽"与"黝"字相通。"幽"所表示的颜色与黑有细微差别，与黑色相比较浅，正如《说文》所言："黝，微青黑色。"

例：□□卜，小乙卯惠幽牛，王受佑。吉。(《屯南》763)

译文：某日占卜：对剖青黑色的牛来对小乙进行祭祀，商王是否会受到保佑呢？吉。

白，郭沫若认为该字像"拇指"，拇指在手中居首位，因此引申为"伯"（即排位之首），又假借表示颜色之"白"。殷人尚白，见《礼记·檀弓上》："夏后氏尚黑，大事敛用昏，戎事乘骊，牲用玄。殷人尚白，大事敛用日中，戎事乘翰，牲用白。周人尚赤，大事敛用日出，戎事乘骝，牲骍用。"根据卜辞可知，白牲如"白牛""白羊"等明显比其他毛色之牲或未标明毛色之牲使用更多,更受商人重视。

例: 勿用黑羊,无雨。

惠白羊用,于之有大雨。(《合集》30552)

译文: 选贞卜辞。大意为:不用黑羊进行祭祀,不会下雨吧?用白羊进行祭祀,这里会下大雨吧?

黄, 唐兰指出"黄"像仰面向天、腹部膨大的人形,是《礼记·檀弓下》中"吾欲暴尫而奚若"的"尫"的本字。"尫"是身子粗短、腹部突出的人,在卜辞中常常被当作祭品,通过焚烧献给神灵以祈求雨水。"黄"表示颜色,即黄色。

例: 甲申卜,宾贞:燎于东,三豕、三羊,犬、卯黄小牛。(《合集》14314)

译文: 甲申日占卜,贞人宾贞问:燎杀三头猪、三只羊,犬,剖杀黄牛来对东方神进行祭祀吗?

赤, 从火从大,大火的颜色为红色,赤表示颜色义,为红色。

例: 癸丑卜,䀅贞:左赤马其割,不歺。(《合集》29418)

译文: 癸丑日,贞人䀅贞问:对在左边的红马实施去势手术,它不会因此死亡吧?①

---

① 释文参考周忠兵:《甲骨文中几个从"丄(牡)"字的考辨》,《中国文字研究》(第七辑),2006年。

十五、占卜和祭祀

占卜和祭祀是商人沟通神灵的重要活动。商人遇事即卜，小到一次出行的安全，大到一场战争的开始、一次祭祀活动的开展，均占卜以求神灵的指示。甲骨文中的大部分内容都是商人占卜的记录，因此又称"甲骨卜辞"。

《左传·成公十三年》："国之大事，在祀与戎。"从甲骨卜辞的内容可知，商代祭祀活动繁盛，祭法众多，规模宏大。祭祀关乎商王朝统治阶级的生产生活，关乎国家的存亡及兴盛。

卜，像甲骨经灼烧之后出现的裂纹，即商人用以判断吉凶的卜兆之象。

贞，甲骨文像鼎形，鼎本为古人的食器，后来成为铭刻功绩的礼器。"鼎"在卜辞中借用为"贞"，表示贞问之义。负责向神灵发出疑问的人员，我们称之为"贞人"。作为与神灵沟通的媒介，贞人的地位极高。"殻、宾、亘"等均为卜辞中常见的贞人名。

占，像呈现出卜兆的牛肩胛骨之形。《说文》"占，视兆问也。

从卜,从口。""占"即表示视卜兆以定吉凶。

例:甲午卜,亘贞:翌乙未赐日。王占曰:有祟,丙其有来艰。三日丙申允有来艰自东,画告曰:儿…(《合集》1075正)

译文:甲午日占卜,贞人亘贞问:第二天乙未日会出太阳吗?王察看了卜兆后说:有灾咎,丙(申)日有灾难降临。三天后的丙申日果然有来自东方的灾祸(多指战祸)降临。画来报告说:儿…

示,像神祖牌位之形。祭祀卜辞中,"示"鲜有用其本义者,一般用来代表天神、先公、先王。单用"示"时是对于神祖的泛称,卜辞中又言"大示""小示""元示""它示""二示""五示""九示"等,则指代具体的神祖。

例:己丑卜,大贞:于五示告:丁、祖乙、祖丁、羌甲、祖辛。(《合集》22911)

译文:己丑日占卜,贞人大贞问:要向武丁、祖乙、祖丁、羌甲、祖辛五位祖先进行告祭吗?

祭,以手持肉,以祭祀神灵,旁边若干小点表示肉之血点,为祭祀之义。《说文》:"祭,祭祀也。从示,以手持肉。"甲骨文不从示,示是后加之意符。"祭"是商王朝周祭系统中一种祀典之专名。

例：□□卜，即贞：父丁岁其先祭。(《合集》23229)

译文：某日占卜，贞人即贞问：为了对父丁举行岁祭，是不是要先举行祭祭呢？

祝，像一个人跪坐于神主牌位前向神灵祖先进行祷告求福之形，表示祝祷之义。

例：贞：祝于祖辛。(《合集》787)

译文：某日贞问：向祖辛进行祝祷之祭吗？

求，甲骨文"求"像多足虫之形，裘锡圭指出其为"蛷"之本字。在卜辞中读为"咎"，表示灾咎义，也可假借为"祈求"之"求"。

例：癸巳，其求雨于东…
　　于南方求雨。(《合集》30175)

译文：选贞卜辞。大意为：癸巳日占卜，要向东方神祈求雨水呢？还是向南方神祈求雨水呢？

御，从卩，午声。"卩"像人跪坐祭祷之形。"午"是"杵"的初文。"御"是为了攘除灾祸而进行的祭祀。

例：贞：御子渔于父乙，侑一伐，卯牢。(《合集》729)

译文：某日贞问：是否进献一个人牲并杀羊来祭祀父乙，以求为子渔攘除不祥呢？

告，从牛从口。"告"为以牛祭神、祭告神灵之义，即把发生的事情告知祖先。

例：壬申卜，㱿贞：于唐告舌方。(《合集》6301)

译文：壬申日占卜，贞人㱿贞问：是否对唐（祖先）进行告祭，报告舌方（来犯）的事情？

祼，将盛酒的器皿放置于神元牌位之前，为酹酒灌地以祭。《左传·襄公九年》记载男子加冠之时，必要举行祼享之祭："君冠，必以祼享之礼行之。"

例：乙亥卜，尹贞：王宾大乙祼，无忧。(《合集》22721)

译文：乙亥日，贞人尹贞问：王要邀请祖先神大乙进行祼祭，没有灾祸吧？

陟，像人脚向高处攀爬，在祭祀卜辞中出现时，表示逆祀，即按照祖先由近及远的世次顺序安排祭祀。

降，像人脚从高处向下走，表示从高处向低处下降。"降"在祭祀卜辞中出现时，表示顺祀，即按照祖先由远及近的世次顺序安排祭祀。

例：戊戌卜，喜贞：告自丁陟。

［贞］：告自唐降。(《合集》22747)

译文：选贞卜辞。选择贞问祭祀祖先的顺序，应为顺祭还是逆祭。戊戌日占卜，贞人喜贞问：要从武丁开始，依次对武丁之前的祖先进行告祭吗？

贞问：要从成汤开始，依次对成汤之后的祖先进行告祭吗？

沉，像牛位于水流中，表示将牛（羊、人、玉）沉入河水中，是一种祭祀手段，在祭祀卜辞中表示沉牲之祭。

例：己卯贞：燎于河三牛，沉三牛。(《合集》32308)

译文：己卯日占卜，贞问：是否烧燎三头牛和沉水三头牛来祭祀河神呢？

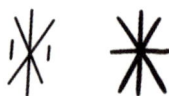

尞(燎)，甲骨文像堆积的木柴燃烧有灰烬之形，表示烧燎之祭。

例：贞：于黄奭燎。(《合集》418正)

译文：贞问：要对黄奭进行烧燎之祭吗？

菉（祷），在卜辞中读为"祈祷"之"祷"，为求福之祭。《说文》："祷，告事求福也。"

例：贞：祷年于岳，燎三小牢，卯三牛。(《合集》385)

译文：贞问：为祈祷好的年成而向岳神祭祀，是否烧燎三头为祭祀而圈养的牛，剖杀三头牛呢？

奏，两手持""之形，是一种祭祀活动，其后常跟乐器，表示奏乐以祭。

例：己亥卜，贞：今日夕奏母庚。六月。(《合集》460)

译文：己亥日占卜，贞问：今天晚上要对母庚进行奏乐祭祀吗？时在六月。

伐，甲骨文字形像用戈刺入人的颈部，本义是杀头，在祭祀卜辞中表示杀牲之祭。

例：翌乙酉，呼子商酚伐于父乙。(《合集》969)

译文：第二天乙酉日，命令子商对父乙进行酚祭和伐祭可以吗？

岁,斧钺之形,本为一种武器,用作祭名表示割牲以祭。

例:癸巳卜,侑岁于祖戊牢三。(《合集》22074)

译文:癸巳日占卜,贞问:要用三头专门为祭祀而圈养的牛来侑祭和岁祭祖戊吗?

奠,甲骨文像祭台上置放酒樽形,表示置酒进行祭祀。

例:⋯奠鬯,卯牢,王受有佑。(《屯南》2983)

译文:放置香酒,剖杀羊牲以祭祀,王会受到保佑吧?

登,甲骨文为双手捧豆(食器)之形,表示进献、奉献之祭。

例:争贞:[翌]乙亥,登囧黍[于]祖乙。(《合集》1599)

译文:贞人争贞问:第二天乙亥日,要进献囧地的黍对祖乙进行祭祀吗?

宜,甲骨文像将两块肉放于俎案(切肉的砧板,用于祭祀)之上。"宜"为处理祭牲的方法,也是一种祭祀活动。

例:己丑卜,殸贞:翌庚寅其宜,不其易日。(《合集》15888)

译文：己丑日占卜，贞人㱿贞问：第二天庚寅日进行宜祭，不会出太阳吧？

十六、祖先与鬼神

《礼记·表记》："殷人尊神，率民以事神，先鬼而后礼。"商人尊崇鬼神，他们认为神灵世界中存在至高无上的统治者——上帝。上帝拥有自己的臣子，听从上帝的指令掌管风、雨、雷、电等种种自然现象；自然中万事万物皆由其各自的神灵负责；逝去的祖先肉体消亡，但其灵魂会变为神灵，能影响存世之人的福祸。总之，商人心中的神灵主要分为三类：上帝、自然神、祖先神。

帝，像架木、束柴焚烧以祭上帝之形，是祭祀之名"禘"的初文，由祭天神之名引申为至高无上的神——帝。帝在商人的神灵系统中具有崇高的地位，郭沫若在《卜辞通纂》中曾指出其拥有绝对的权威："凡风雨祸福，年岁之丰啬，征战之成败，城邑之建筑，均为帝所主宰。"①

例1：贞：勿伐舌，帝不我其受佑。(《合集》6272)

---

① 郭沫若著，郭沫若著作编辑出版委员会编：《郭沫若全集·考古编·第二卷，卜辞通纂》，科学出版社，2002年，第367页。

译文：贞问：不去讨伐舌方，上帝就不会保佑我吧？

例2：癸丑卜，□贞：我作邑，帝弗左，若。(《合集》14207正)

译文：癸丑日占卜，某贞人贞问：我要建造城邑，上帝不会阻碍我吧？一切都会顺利吧？

凤(风)，本为高冠长羽的凤鸟之形，由于声音相近，假借为"风雨"之"风"，有的另加声符"凡"。在卜辞中表示"风雨"之"风"。商人认为风由专职神灵掌控，东、南、西、北四方各有风神。

析(木)、因(因)、東(東)、伏(伏)分别是四方神名，而劦(劦)、彡(彡)、彝(彝)、殳(殳)是四方风神名。

> 《合集》14294复制品，四方风名刻辞(摄于国家典籍博物馆)

例：东方曰析，风曰劦，南方曰因，风曰彡，西方曰東，风曰彝，[北方曰]伏，风曰殳。(《合集》14294)

上图为牛胛骨刻辞,骨版上无钻凿卜兆之痕,应为一种记事刻辞,记录了东、南、西、北四方神之名,以及四方风神之名。

方,其字构形不明,在甲骨文中借用为"方位""方国"之"方"。商人已有方位之观念,他们认为天地分东、南、西、北四方。四方各有神灵,皆由上帝统率,负责掌管风神、雨神、云神等自然神。《合集》14294所载的四方神之名分别是析、因、夷、伏。四方神掌管自然天象,直接影响万物生长,决定年成多寡。卜辞有祭祀方神,以求年成之辞。

例1:其祷年于方,受年。

于方雨,兮寻,祷年。(《合集》28244)

译文:向方神祈求年成丰收,会有好的年成吗?向方神祈求充足的雨水,在傍晚进行寻祭,祈求丰厚的年成好吗?

例2:□辰卜,燎土三牢,四方牢。(《合集》21103)

译文:辰日贞问:要用三牢燎祭土地神,用一牢祭祀四方之神吗?

"牢"为圈养以供祭祀的祭牲。土地神为万物生长之基,将土地神和四方神并祭,祈求农业丰收。

岳,甲骨文像重峦叠嶂的山形。商人以岳为神,向其求年、祈雨并举行舞、取、奏、侑等祭祀。

例：贞：取岳,有雨。(《合集》1080反)

译文：贞问：对岳进行取祭之后,会下雨吗？

河,从水"柯"声,或从水"何"声。"柯"是"柯杖（斧类工具之柄）"之"柯"的象形初文。"何"为"何"字,像人肩扛柯杖之形,是负荷的"荷"的初文。卜辞中有大量祭祀河神的记载,河就是黄河,商人常向河神祈求农业丰收。

例：贞：祷年于河。(《合集》10082+《合集》10127)

译文：贞问：要向河神进行祭祀以祈祷好的年成吗？

洹,从水亘声。洹水紧临殷墟,当其发大水时,就会危害城邑,故商王非常关心洹水的涨落情况,并常对此进行占卜。同时,为了消除洹水对都城的危害,商王常对洹水进行祭祀。

例1：辛卯卜,大贞：洹引弗敦邑。(《合集》23717)

译文：辛卯日占卜,大贞问：洹水发大水,不会危害这座城邑吧？

例2：丙寅卜,洹其次。

丙寅卜,洹来水不[次]。(《合集》8315)

译文：对贞卜辞。大意为丙寅日占卜,贞问洹水是否会有洪水泛滥。

例3：□□卜,出贞：……侑于洹九犬、九豕。(《合集》24413)

译文：某日占卜，贞问：…用九只犬、九头猪对洹水神进行侑祭？

日，像太阳之形。商人有最原始的太阳崇拜，甲骨文中可见商人祭祀"出日""入日"之辞。

例：乙酉卜，侑出日、入日。(《怀特》1569)

译文：乙酉日占卜，侑祭出日和入日可以吗？

《尚书·尧典》有"寅宾出日，平秩东作"，又有"寅饯纳日，平秩西成"，大意分别为"恭敬地迎接太阳升起，判断测定太阳东升之时""恭敬地为太阳送行，判断测定太阳西沉之时"。一般认为"出日""入日"即指日升日落之时。宋镇豪认为甲骨文中的"出日""入日"已有抽象专名的性质。对出入日的祭祀，体现了商人对太阳运行规律的敏锐观察，对自然现象的敬畏，对遥远的日月之神的尊崇。

云，山川之云气。甲骨文"云"用作本义。云朵变幻莫测，有降雨之能。商人将云作为神灵，予以祭祀。《礼记·祭法》："四坎坛，祭四方也。山林、川谷、丘陵，能出云，为风雨。"

例：癸酉卜，侑燎于六云，五豕，卯五羊。(《合补》10639)

译文：癸酉日，贞问：用五头猪，剖开五头牛侑祭和燎祭六种颜色的云？

"六云"应指"六色云"。卜辞中还有"三色云、四云(《合集》

13401:贞:燎于四云。)、五云(《屯南》651:惠岳先酻,迺酻五云,有雨。)"之例。如:

例:己亥卜,永贞:翌庚子酻启⋯王占曰:兹唯庚雨。卜之[夕]雨。庚子酻,三色云☵,其既祝,启。(《合集》13399正)

译文:己亥日,贞人永贞问:明天庚子日酒祭,天会放晴吗?王视卜兆判断说:在庚日会下雨。验辞记录在占卜那天晚上就下雨了,于是在庚子日进行了酒祭,三种颜色的云聚集,天空变得黑暗,完成祝祭之后,天气才放晴。

于省吾引《周礼·保章氏》:"以五云之物,辨吉凶、水旱降、丰荒之祲象。"郑玄注:"物,色也。视日旁云气之色。"这里的"五云"指的是五种颜色的云。这句话记载了古人有通过观察云气的颜色判断吉凶祸害的风俗。

同时,商人已经意识到云与降雨关系密切,祭祀云,通常为了求雨,如《合集》21083:燎云,不雨。即贞问:燎祭云,不下雨吗?

土,像地面突出的土堆之形。《说文》:"土,地之吐生物者也。"土地作为万物之源,维系着商人的生存和发展。商人以土为自然神及祭祀对象。

例:辛巳贞:雨不既,其燎于亳土。(《屯南》665)

译文:辛巳日贞问:雨一直下个不停,燎祭于亳地的土地神可以吗?

第二编　甲骨文字——走进商代生活的钥匙

鬼，像头戴面具之人。《礼记·祭义》："众生必死，死必归土，此之谓鬼。"商人认为人的肉身消亡后，灵魂即为"鬼"。"鬼"有超自然的力量，分善恶，善鬼能造福人间，恶鬼能给人带来灾祸。

例：贞：亚多鬼梦，无疾。四月。（《合集》17448）

译文：贞问：亚（人名）常梦到鬼，不会生病吧？时在四月。

且（祖），"且"为俎案的象形。"且"是"俎"的初文，借用作"祖先"之"祖"。在甲骨文中，"祖"表示泛称的祖辈。商人以天干为名，因此先祖的私名通常为天干，卜辞中常见的先祖有"祖庚、祖甲、祖辛"等。祖先是商人祭祀的重要对象之一。

例：丙戌卜，翌日，侑于祖丁。（《合集》1833）

译文：丙戌日卜问：第二天侑祭祖丁可以吗？

匕，像人屈肢侧卧之形，卜辞中借用为"妣"，是对各代祖母辈的通称。《尔雅·释亲》："父为考，母为妣。父之考为王父，父之妣为王母。"卜辞中常见的女性祖先神有"高妣己、妣庚、妣癸、妣辛"等。

例：丁丑卜，㱿贞：于来己亥酚高妣己眔妣庚。（《合集》2367）

译文：丁丑日，贞人㱿贞问：在己亥日酚祭高妣己和妣庚可以吗？

先祖和其配偶共同作为祭祀对象时,"妣某"一般位于其后。

例:庚戌卜,尹贞:王宾小乙奭妣庚,翌,亡尤。(《合集》23330)

译文:庚戌日,贞人尹贞问:王迎接小乙及其配偶妣庚,进行翌祭,没有灾祸吧?

父,手持长杖的尾端,与"尹()"字相区别。《说文》:"父,矩也。家长率教者。从又举杖。"许慎认为杖代表着权势,持杖之人为家族的执掌者,因此"父"作此形,但这种解释只是一种猜测。"父"在甲骨文中用来指商王的父辈。父和天干相配,如早期卜辞中的"父乙",即是商王武丁称呼他的父亲"祖乙"。

例:贞:翌乙未,呼子渔侑于父乙牢。(《合集》130正)

译文:贞问:明日乙未,命令子渔用专用于祭祀的羊侑祭父乙可以吗?

母,由"女"字分化而来,在叉手跪坐的"女"字两臂间增加两点,表示哺乳之乳房,作为区别符号。"母"为母辈的通称,与"父"相对。

例:丁亥卜,行贞:其侑于母辛、母己牡。(《合集》23411)

译文：丁亥日,贞人行贞问:用公牛侑祭于女性祖先母辛和母己可以吗?

卜辞可见"东母、西母",均为祭祀对象,祭法有燎祭和侑祭,祭牲有牛、猪等。如《合补》4112:"贞:燎于东母三牛。"《拼集》788:"壬申卜,贞:侑于东母、西母,若。"《礼记·祭义》:"祭日于东,祭月于西。"因此学者或说"东母、西母"是负责日出日落的女性神。

十七、吉凶祸福

《礼记·中庸》言:"国家将兴,必有祯祥;国家将亡,必有妖孽。见乎蓍龟,动乎四体。"古人认为国家兴亡,均有吉凶预兆,而卜筮可以预测吉凶。甲骨卜辞中保留了大量与吉凶祸福有关的字词,反映了商人祈求消除灾祸、吉祥顺利的朴素愿望。

灾,甲骨文"灾"字有多种形体,前两种像波涛汹涌的水流。商人的分布范围大约在黄河中下游地区,河流众多,商人备受水患所扰,因此他们用河流、洪水表示"灾害"之"灾"。""增加了声符"才"。除了自然灾害外,还有人为造成的祸害。""从武器"戈"。"醉卧沙场君莫笑,古来征战几人回",战争残酷,对人们造成的伤害是毁灭性的。这几个字形构意不同,但突显了人们对天灾人祸的认识。

例:丁未贞:王往于田,无灾。(《合集》557)

译文:丁未日占卜,贞问:王去田猎,不会有灾祸吧?

左,左手形,手心朝右。与其方位相反的"右"有保佑之义,"左"则与之相对,产生了"危害"的意思。

例:贞:祖乙左王。(《合集》5447)

译文:贞问:祖先神祖乙会危害商王吧?

求,像多足虫之形,"求"为"蛷"的初文,在卜辞中可假借为"祈求"之"求",也可假借为"咎",表灾咎之义。

例:贞:父辛弗咎王。(《合集》2130)

译文:贞问:父辛不会给商王带来灾害吧?

囧,像占卜时所用的呈现卜兆的牛肩胛骨之形,裘锡圭考释该字为"卜兆"之"兆"的表意初文。兆象彰显吉凶,指示忧患,且"兆"与"忧"古音相近,疑"囧"读为"忧"。卜辞中常见"有忧""无忧"之语,即贞问是否有忧患。

例：癸丑卜,戬往来无忧。王占曰：无忧。(《合集》914 正)

译文：癸丑日占卜,贞问：戬(商王重臣之名)往来出行不会有忧患吧？王看了卜兆推断称不会有忧患的。

舝(孽),从丮从卩,所从之"丮"为刀类工具,"舝"为"罪孽"之"孽"的本字,"孽"义为灾害、灾咎。

例：贞：王梦,不唯之孽。

　　王梦,唯之孽。(《合集》13507)

译文：对贞卜辞。从正反两方面贞问：商王做梦了,会不会有灾祸啊？

虫(害),甲骨文字像虫子啃咬人脚之形,是"伤害"之"害"的本字。在甲骨文中主要有名词和动词两种用法,做动词表示"祸害、伤害",做名词为常用的吉凶词,表示"灾祸"。

例1：壬子卜,宾贞：祖乙其害王。

　　贞：祖乙弗害王。(《合集》9741 正)

译文：对贞卜辞。在壬子日,宾从正反两方面贞问祖乙有没有祸害王。

例2：贞：妇井疾,唯有害。(《合集》13718)

译文：贞问：妇井患病,是被祖先所害了吗？

吉，从圭从口。原始的玉圭即为玉戈头，玉戈头为坚硬锋利的武器。"口"为区别性符号。古人造字常常加区别性符号"口"，表示事物的形状。如在"弓箭"的"弓"字上加"口"形，表现"弓"的强劲，""即为"强"字。"吉"字中加"口"形，亦是凸显"口"上"圭"的坚硬性状。"吉"本义为"坚硬、坚实"，假借或引申表示"吉祥、吉利"。

例：其祷年祖丁，先酌，有雨。吉。（《合集》28275）

译文：向祖丁祈祷好的年成，首先进行酌祭，会下雨吗？吉祥。

利，从禾从刀，像用刀收割庄稼之形，本表示"锋利"，引申为"顺利，吉利"。

例：壬申卜，在攸贞：右牧毕告启，王其呼戍比寅伐，弗悔，利。（《合集》35345）

译文：壬申日占卜，在攸地贞问：叫作"毕"的右牧（职官）将情况报告给先锋部队，商王命令军队和寅一起去征伐，不会后悔吧？会顺利吧？

若，像跪坐的人形，用手梳理其飘扬的头发，表示顺利之义。

例：庚申卜，㱿贞：王勿征舌方，下上弗若，不[我其受有佑]。（《合集》6319）

译文：庚申日占卜，贞人㱿贞问：王如果不征伐舌方，上下神灵就会不高兴，就不会保佑我们了吧？

鲁，从鱼从口，"口"为区别性符号。鱼肉鲜美，"鲁"本有"美好""嘉美"之义。卜辞中"鲁"常和农业相关，表示会有好的收成。

例：乙丑卜，古贞：妇妌鲁于黍年。（《合集》10132正）

译文：乙丑日占卜，贞人古贞问：妇妌种的黍子会有好的收成吧？

十八、金戈铁马

《左传·成公十三年》云"国之大事，在祀与戎"。战争是关乎国家生死存亡的大事，也是加强政治统治的重要手段。为平定叛乱，扩大统治区域，商王朝与周边方国开展过多次战争。《史记·龟策列传》云："王者发军行将，必钻龟庙堂之上，以决吉凶。"商人每逢兴兵作战，定要向上天卜问，确定时机，祈求天神之力，因此甲骨文中保存了大量关于战争的记录。

兵，双手持一尖锐的砍伐器"斤"之形，本指兵器，在军事刻辞中还表示拿兵器的人，即士兵、军队。

例：甲子卜，□贞：出兵，若。(《合集》7204)

译文：甲子日占卜，贞问：如果出动军队前往作战，会顺利吗？

戈，兵器"戈"的象形，竖画为戈柲，横画为戈头。戈是中国古代常见的兵器，其外形为长柄上装有尖锐的刀刃。"戈"在卜辞中也表示持戈的士兵。

例：八月辛亥允伐戈二千六百五十六人，在梦。九月。(《合集》7771)

译文：八月辛亥那一天果然在梦地杀了2656个兵士。时在九月。

› 商代妇好墓出土嵌绿松石青铜戈头(摄于中国国家博物馆)

第二编 甲骨文字——走进商代生活的钥匙

戚，一种带有齿牙形扉棱的武器，插于长柄之上。

> 商代妇好墓出土玉戚（摄于中国国家博物馆）

弓，弓箭。

例：壬寅卜，赐芦干十、戈十、弓十。(《合集》22349)

译文：壬寅日，赐芦十个盾牌，十个戈，十个弓箭。

戉，刃宽阔的长柄斧形武器。在卜辞中一般借作干支名。

戊，甲骨文像有弧形刃的长柄斧形武器，戊在卜辞中一般借用为干支名。

族，甲骨文是旗帜下有一矢形，矢用以杀敌，旗用以聚集民众。族是商代的非常设军，农时耕种，闲时练兵。卜辞中的"王族"就是以商王为核心形成的宗族，战时是一个军事组织。"多子族"即子姓贵族形成的军事组织，他们常常配合商王去征伐其他方国，拱卫王室。

例：己卯卜，㱿贞：令多子族比犬侯扑周，堪王事。五月。(《合集》6812 正)

译文：己卯日占卜，贞人㱿贞问：命令多子族和犬侯一起去扑击周方，能胜任商王之事吗？

𠂤(师)，"𠂤"为古"师"字，义为军队，师旅。"师"为商代的常设军，按右、中、左三队编制。

例：丁酉贞：王作三师：右、中、左。(《合集》33006 右)

译文：丁酉日占卜，问：商王要建立右、中、左三支军队，可行吗？

旅，甲骨文像众人聚集于飘扬的旗帜下，表示军旅的意思。按卜辞记载，遇有战事，"旅"是征集百姓而组成的，说明"旅"也不是商代的常设军,性质相当于现在的民兵。

例:辛巳卜,㱿贞:共妇好三千,登旅万,呼伐囗方,受[有佑]。(《英藏》150正)

译文:辛巳日占卜,贞人㱿贞问:为妇好征集三千人,为军队征集一万人,使妇好率领他们征伐某个方国,是否会受到保佑呢?

戍,甲骨文从人在戈下,表示以人戍守之义,也表示商代的一种军事组织,分为左、中、右三队编制。

例:右戍不雉众。吉。

中戍不雉众。引吉。

左戍不雉众。(《屯南》2320)

译文:右戍、中戍、左戍都没有人员伤亡吧?

射,箭在弦上,蓄势待发之形。本是动词,义为射箭,在卜辞中也可以做名词,表示射手。把射手组织起来,则成为为商王征战的一种武装力量,卜辞中称为"多射"。

例1:丙午卜,永贞:登射百,令…(《合集》5760正)

译文:丙午日占卜,贞人永贞问:征集一百个弓箭手…

例2:贞:多射不矢众。(《合集》69)

译文:贞问:射手们不会有人员伤亡吧?

卫，甲骨文"卫"字的写法众多，"衛"为常见的写法，从行从止从方。"行"为"行"字，即四通八达的道路。"止"为人行之脚。徐中舒认为"方"义为"方国"，表示都邑。人在四方道路上驻守，以保护都邑。"卫"义为"防卫"。

例：甲辰□：多马卫从北。(《合集》27943)

译文：甲辰日占卜，问：骑兵防卫队要从北边防御吗？

这里的"马"指"骑兵"，"多马卫"即骑兵组成的防卫组织。

比，从二"匕"之形，"匕"像人身体弯曲的侧面。"比"常常用在军事卜辞中，表"联合、偕同"之义。

例：乙卯卜，殻贞：王比望乘伐下危，受有佑。

乙卯卜，殻贞：王勿比望乘伐下危，弗其受有佑。(《醉古集》33)

译文：对贞卜辞。从正面贞问：乙卯日，贞人殻贞问：王偕同望乘一起讨伐下危，会受到保佑吗？

从反面贞问：乙卯日，贞人殻贞问：王不偕同望乘讨伐下危，不会受到保佑吗？

"望乘"为商王武丁时期重要的军事将领。"下危"是殷商南部的一个方国，是武丁时期的征伐对象之一。这两条正反对贞卜辞表示的是相同的意思,即希望王和望乘联合讨伐下危会受到保佑。这体现了商王的自我意愿是与望乘偕同作战,并期望卜兆结果能遂其心愿。

御,从卩,午声。"御"常用作祭名,表示攘除灾祸;用于军事刻辞中表示抵御、防御义。

例:贞:惠妇好呼御伐。(《合集》2631正)

译文:贞问:派妇好去抵御征伐敌方吗?

望,甲骨文像人站在土堆上举目远望之形,在军事刻辞中,表示"监视"。

例:贞:勿择多寇呼望舌方,其橐。(《合集》547)

译文:贞问:不要命令多寇去监视敌对方国舌方了,会有灾祸吧?

"多寇"为"寇族之人",寇族遭受商王朝的压迫统治。

目,眼睛,在军事刻辞中意义有二:一做名词,表示专门监视敌方军情的人;二做动词,监视。

例：惠王令目归。(《合集》32929）

译文：王要命令监察之人回来吗？

正(征)，"正"为"征"的初文，甲骨文"正"字中"口"表示城市，一只脚朝向城市，军队从外进攻城市，表示征伐之义。

例：癸酉王卜，贞：旬无忧。王来征人夷方。(《合集》36500）

译文：癸酉日，王亲自占卜，贞问：商王去征伐人方，十日内不会有灾祸吧？

𦎫(敦)，按照字形可隶定为"𦎫"，从𩰬从羊，《说文》："𦎫，孰也。从𩰬从羊。读若纯。一曰鬻也。"在军事卜辞中读为"敦"，表示攻击、挞伐之义。

例：庚申卜：于丁卯敦召方，受佑。(《合集》33029）

译文：庚申日占卜，问：在丁卯日攻击召方吗？会受到保佑吗？

伐，甲骨文像以戈砍头之形，本义是杀头，引申为杀伐、讨伐。

例：贞：庚申伐羌。(《合集》466）

译文：贞问：要在庚申日去讨伐羌族吗？

第二编　甲骨文字——走进商代生活的钥匙

敢，甲骨文像双手持武器刺杀野猪之形。在卜辞中表示攻击、进击义。

例：辛丑卜，㱿贞：今日子商其敢基方缶，弗其捷。(《合集》6571正)

译文：辛丑日占卜，贞人㱿贞问：今天子商(商王子辈，名"商")进击基方(敌对方国)的首领缶，不能将其翦灭吧?

克，李孝定、赵诚等均认为该字像人弯曲身体，以手抚膝之形，其上所从的"冎"，为肩膀承载之物。"克"从肩负、承担，引申为能够，用在军事卜辞中又可表示"战胜"之义。

例：壬申卜，贞：雀弗其克捷敖。(《合集》53)

译文：壬申日占卜，贞问：官员"雀"不能够打败敌对方国"敖"吗?

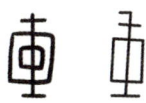

戎，从戈从盾，戈为进攻之器，盾为防守之器，戈盾一体，泛称武器。在战争卜辞中，"戎"有"征伐"及"来犯"义。

例1：辛未卜，㱿贞：王戎衡，受佑。(《合集》6886)

译文：辛未日，贞人㱿贞问：王讨伐衡地，会受到保佑吗?

例2：辛巳卜，争贞：基方戎。(《合集》6572)

译文：辛巳日，贞人争贞问：基方要来进犯吗？

侵，从又从帚从牛，"帚"亦为声符，徐中舒认为像以手持帚驱赶牛马之形。《穀梁传·隐公五年》："苞人民，殴牛马，曰侵。"强虏人民，击打牛马，即为侵。裘锡圭认为此字像用帚沥水，洗刷牛，"帚"字上的小点，即是洗牛时四散的水珠。

卜辞中的"侵"，义为"侵犯"，多指敌方来犯。

例：王占曰：有祟，其有来艰。迄至九日辛卯，允有来艰自北，㚸妻妟告曰：土方侵我田，十人。(《合集》6057反)

译文：王占断说："有灾咎发生，有敌方侵略带来的灾祸。"直到九天后的辛卯日，果然有来自北方的侵略行为。㚸妻妟(人名)向商王报告说："土方侵犯我国的田地，大概有十人。"

爯(称)，"爯"是"称"的古字，从又从鱼，甲骨文像以手执鱼之形，本义为举起、称举。卜辞中有常用语"称册"。"称册"为臣子手举记有商王命令的简册，义为"遵从王命"。

例：乙卯卜，争贞：沚馘称册，王比伐土方，受有佑。(《合集》6402正)

译文:乙卯日,贞人争贞问:沚馘遵从王命,王和他联合讨伐土方,会受到天神保佑吧?

"沚馘"为武丁时期重要武将。李发认为战争之前频繁的"称册",是祭告上天、选命将领的一种军事礼仪。

"称"在战争卜辞中也可以表示"举兵"之义。

例:甲辰卜,宾贞:冊方其称,唯戎。(《合集》6532正)

译文:甲辰日,贞人宾贞问:冊方举兵,要侵犯我国吗?

逆,从辵屰声。"屰"兼表词义。"屰"为倒人之形。《说文》:"屰,不顺也"。"辵"为行走义。"逆"在甲骨文中作动词,表示"迎接"。

例1:辛丑卜,㱿贞:舌方其来,王勿逆伐。(《合集》6199)

译文:辛丑日,贞人㱿贞问:舌方要进犯我国,王不要去迎击舌方吧?

"逆伐"为战争卜辞中常见表达,姚孝遂将其解释为"迎击"。

例2:壬戌贞:王逆毕以羌。

　　于滴王逆以羌。

　　王于宗门逆羌。(《合补》10421)

译文:壬戌日贞问:王要迎接毕带来的羌人吧?王在滴地迎接带来的羌人吧?王在宗庙门口迎接羌人吧?

俘，从又从子，以手抓子之形，繁体或加"彳"，增加行动义。做动词，义为"俘虏"。《尔雅·释诂下》："俘，取也。"邢昺疏引李巡曰："因敌曰俘，伐执之曰取。"

例：四日庚申，亦有来艰自北，子嬪告曰：昔甲辰方围于㠱，俘人十又五人。五日戊申方亦围，俘人十又六人。六月在[敦]。(《合集》137反)

译文：四日庚申，北方有敌方来犯。子嬪(人名)向商王报告说：之前甲辰日方方进攻我国㠱地，俘虏了十五人。甲辰日起第五天即戊申日，方方再次进攻，俘虏了十六人。六月在敦地进行贞问。

丧，桑树加口之形，口的数量从二到五不等。"口"为分化符号，以区别于桑树之"桑()"。"丧"在卜辞中用作丧失、丧亡之"丧"。战争残酷，人员伤亡不可避免。"众"指"民众"，是商王朝所凭借的主要军事力量，商王常常卜问是否"丧众"，体现了商王对战争形势的关切与担忧。

例1：贞：我其丧众人。(《合集》50正)

译文：贞问：我的军队会有人员伤亡吗？

例2：其呼戍御羌方于义沮。捷羌方，不丧众。(《合补》8969)

译文：命令戍（负责守卫的武官）在乂沮之地抵御羌方,能消灭羌方,不会丧失民众吧?

十九、一天内的时段

殷商时期,为了更好地生产与生活,人们根据天象规律及日出而作、日落而息的生活节律,将一天的时间细分成不同的时间段,并予以定名。这就是当时人们使用的最小的时间单位。

商人对白天的时间划分十分细致,有晨、朝、夙、明、旦、大采、大食、羞中日、日中、昃、小采、小食、昏、暮等。夜晚人们休养生息,活动较少,划分的时间段较日间要少,但也并不是全夜不分,有夕、朦、夙、昧等。

夙,双手持月之形,从夕,丮声,为形声字。大约指下半夜至天明前的时间段。《诗经·卫风·氓》言:"夙兴夜寐,靡有朝矣。"女子还未天亮就起床,入夜才能入睡,没有一日休息。这句诗描绘了女子在夫家辛勤劳作、丝毫不敢懈怠的场景。

例：甲子卜,宾贞:夙求雨,宜于河。(《合集》557)

译文：甲子日占卜,贞人宾贞问:天明之前要向黄河祭祀以祈求雨水吗?

旦,像太阳从地面升起之形。太阳下的"⊖"象征泥土。《说文》"旦,明也","旦"在卜辞中用作时间词,指天明的时候。

例:王其田夙,弥日无灾。

于旦廼田,无灾。(《合集》28566)

译文:选贞卜辞。选择贞问王去田猎的时间。第一辞贞问:王在天将要亮的时候去田猎,一整个白天都没有灾祸吧?第二辞贞问:在天刚亮的时候才去田猎,不会有灾祸吧?

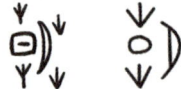

朝,日月并见于草莽之中,为月落日出之时,当指天明以后。

> 《合集》23148局部摹本

例：癸丑卜，行贞：翌甲寅毓祖乙岁，朝酉，兹用。

贞：暮酉。(《合集》23148)

译文：选贞卜辞。癸丑日占卜，贞人行贞问：第二天甲寅日对祖乙进行岁祭，是在早上进行酉祭好，还是晚上进行酉祭好？最后决定在早晨进行酉祭。

早，甲骨文中从口与不从口，往往无别。字形""本像枝茎柔弱的植物之形，就是"草"字的象形初文。""字及其异体在殷墟卜辞中用为时间名词，读为早晨之"早"，指日出之前、夜尽将晓的这段时间。

例：壬辰卜，㱿贞：今早王㞢土方，受有[佑]。(《合集》6354正)

译文：壬辰日占卜，贞人㱿贞问：今早商王去攻打敌对方国土方，会受到保佑吗？

晨，从林从辰。甲骨文中的"辰"是用于割除草木的农具，甲骨文中的"晨"字像以农具割草木之形。古人日出而作，日落而息，耕作通常在早晨进行，因此手持农具开始劳作，可表示"早晨"之义。

例：贞：中丁岁，惠晨。

贞：于既日。二月。(《合集》22859)

译文：对贞卜辞。大意为某日贞问：中丁的岁祭，是在早晨举行好，还是在白天结束后举行好？时在二月。

明，从日从月，或从月从囧。"囧"为窗户的象形。《说文》："朙，照也。从月从囧。……明，古文朙，从日。"月光穿透窗户照射进来，即有明亮义。"明"表天亮之时。

例：癸亥卜，贞：旬。二月。乙丑夕雨。丁卯明雨。戊小采日雨，烈[风]。己明启。(《合集》21016)

译文：癸亥日占卜，贞问：二月下一旬的天气怎么样？其后验辞记载乙丑日的晚上下雨，丁卯日天明时下雨，戊辰日的小采之时下雨，刮起了猛烈的风。己巳日天明时天气放晴。

大食、小食，"食"，甲骨文像张口就食之形，引申为"饮食""食用"。商人一日两餐，分别称之为"大食"和"小食"，其后由较为固定的用餐时间演变为时间称谓。董作宾曾考定卜辞中的"大食"相当于后世的"朝食"，"小食"相当于"夕食"，并认为"大食"约相当于现在的上午九时到十时，可以称为"食日"，或省称为"食"，"小食"约为下午四时到五时。

例1：丙戌卜，三日雨。丁亥唯大食雨。(《合集》20961)

译文：丙戌日占卜，贞问：三天内会下雨吗？其后验辞记载丁亥日在"大食"的时候下了雨。

例2：自旦至食日不雨。

食日至中日不雨。

中日至昃不雨。(《屯南》42)

译文：分别贞问：从日出到吃早饭的时候该不会下雨吧？从吃早饭到正午时该不会下雨吧？从正午到太阳偏西时该不会下雨吧？

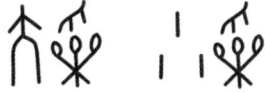

大采、小采，"采"的甲骨文像以手采摘果实之形。"采"为"采摘"义。大和小应是指采摘的规模，大采和小采作为时间词，应是与古人的农业采摘活动相联系的。大采指早晨，约相当于现在的上午八时，小采指傍晚时分，约相当于现在的下午六时。

例：癸巳卜，王：旬。四日丙申昃雨自东，小采既，丁酉少，至东雨。二月。(《合集》20966)

译文：癸巳日占卜，商王亲自贞问：下一旬天气怎么样？其后验辞记载第四天即丙申日，日偏西之时有来自东方的雨水，在小采时雨停了。丁酉日，在东方下起了小雨。时在二月。

中日，也称日中，一天的中间，即正午之时，相当于今天的十二时。

例：惠日中有大雨。(《合集》29789)

译文：正午时会下大雨吗?

> 《合集》29789摹本

羞中日，或作"羞中""日羞中"。"羞"，甲骨文像以手持羊向他人进献之形。《说文》："羞，进献也。"在卜辞中，"羞中日"是一个表示一日之内时段名称的词组。"羞"由本义"进献"引申为"前进"。"羞中日"也就是太阳向正中进发之义，即临近午时那段时间。

例：癸卯，贞：旬。甲辰雨。乙巳阴。丙羞中日启。(《合集》20922)

译文：癸卯日占卜，问下一旬的天气怎么样。验辞记载甲辰日下了雨，乙巳日是阴天，丙午日快到中午的时候天气才放晴。

昼、督，第一字为"昼"，从聿从日，"聿"为以手持笔之形。"昼"字构形本义暂无定论，或言"聿"为声符，"日"为义符，表示白昼义。第二字为"督"，从日，叔声。"叔"字像手持尖锐的木桩掘地之形。"日"旁小点为四散的光芒，表现日光强盛。"昼"和"督"均可用为时称，表示"正午、日中"。

例1：今日。

昃。(《屯南》2392)

译文：选贞卜辞。选择时间的一组卜辞。是选今天呢？还是具体到中午的时间呢？

例2：贞：祷惠督酚。(《合集》30599)

译文：贞问：为了向祖先求福，要在中午的时候进行酚祭吗？

昃，其字以表示太阳的"日"为义符，以倾斜的人形为声符。从卜辞来看，"昃"所指的时间在中日之后，郭兮之前。

例：丁酉卜，自今二日雨。余曰：戊雨。昃允雨自西。(《合集》20965)

释文：丁酉日占卜：第二天会下雨吗？商王查看卜兆形态并判断说戊日会下雨。验辞记载戊日这天昃时果然有来自西边的雨。

郭兮，可以省称为"郭"或"兮"。陈梦家指出，根据卜辞记载："中日、昃、郭兮、昏是先后为序的。假定中日为正午十二时，昏为下午六时，则昃与郭兮为下午二时与四时。"[①]

例：中日至郭兮启。吉。兹用。

不启。(《合集》30198)

译文：对贞卜辞。从正面贞问：中午到郭兮时，天会放晴

---

① 陈梦家：《殷虚卜辞综述》，中华书局，1988年，第231页。

吧？吉祥。使用这条卜辞的占卜结果。又从反面贞问：天气不会放晴吧？

昏，"昏"有两种写法。第一种写法从日从氐，"氐"是"氐"字之省，有"低下、落下"的意思，日落即为"昏"。第二种写法从日，声。""字为"温暖"之"温"的本字，其字形像人在温水中沐浴，"温"和"昏"古音相近。裘锡圭指出""为"昏"字异体。昏，即黄昏，相当于现在的下午六时。

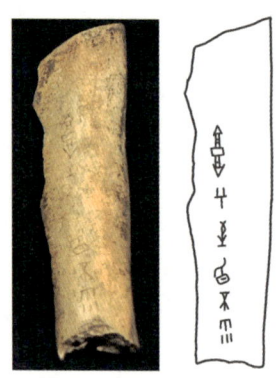

>《合集》29794照片及摹本（摄于国家典籍博物馆）

例：郭兮至昏不雨。（《合集》29794）

译文：郭兮到黄昏之时，不会下雨吧？

莫（暮），甲骨文像太阳没入草莽中之形，"暮"的初文。日暮时分，倦鸟归巢，繁写的"暮"字中多了一个"鸟"形。"暮"和

第二编 甲骨文字——走进商代生活的钥匙

"昏"所表示的时刻差不多。"朝"与"暮"相对。

例：甲午，宜一牢，伐一人。在[入]…牢。

暮酌，宜一牢，伐一人。用。(《花东》340)。

译文：甲午日贞问：要切开一头牛，砍伐一个人，来祭祀吗？又贞问：要在日暮时分举行酌祭，切开一头牛，砍伐一个人吗？最后选用这条卜辞的占卜结果(在暮时切开一头牛，砍伐一个人进行了酌祭)。

日，甲骨文"日"像太阳之形，本义为太阳，做时间词，表示"白日""白昼"，与"夕"相对。

例：王其射有豕，弥日无灾，擒。大吉。(《合集》28305)

译文：王将要去射杀野猪，一整个白天都不会有灾祸吧，会擒获吗？兆象大吉。

夕，残月之形，指夜晚，抽象时间词。卜辞"夕"和"月"字同形，常易混淆，需要通过具体辞例判断是"月"字还是"夕"字。晚期甲骨文"月"和"夕"逐渐开始分化，月字较多作"☽"，中间加点，夕字较多作"☽"，中间不加点。

例：[癸]未[卜]，争贞：翌甲申易日。之夕月有食，甲阴，不雨。(《合集》11483正)

译文：癸未这天占卜，贞人争贞问：第二天甲申日会出太阳吗？验辞记载甲申日这天晚上发生了月食，是阴天，没有下雨。

二十、干支纪日

人们观察日升日落,跟随太阳活动劳作和休息,有了"日"的概念。殷商时期,用干支纪日。干支纪日的基本方式是将十"天干"以及十二"地支"结合,按照特定的顺序配对,构成六十"干支"。干支初用作纪日,后又用以纪月纪年。干支纪日纪年沿用至后世,是中国古代传统的纪时法。某些重要事件也常常以干支为名,如我们熟知的庚子事变、辛亥革命、甲午战争、戊戌变法等。

天干地支是一个抽象的概念,干支用字多用符号或由于声音相近假借①而来,其造字本义众说纷纭。

1. 十天干

甲,甲骨文"甲"有二形,干支词"甲"写作"十",一横一竖,构形简单,和数字"七"字形相同,但并无语音、语义上的联系,只是偶然间字形相同。旧言"甲"字像盔甲或动物鳞甲,均难以证明。祖先名"上甲"之"甲"写作"田"。于省吾认为"田"为兵士头

---

① 所谓假借,即是借用某个字或某种事物的图形作为表音符号,来记录跟这个字或这种事物名称同音或音近的词。这种记录语言的方法,即为假借,用这种方法记录的字,就是假借字。参看裘锡圭:《文字学概要》,商务印书馆,2013年,第4页。

上所戴的盔甲,从口从十,"十"为其字的声符,假借为干支字。

乙,"乙"字为弯曲的弧线。《说文》言:"乙,象春草木冤曲而出,阴气尚强,其出乙乙也。"可见许慎将"乙"解释为初生草木枝条摇曳之形。郭沫若称"乙"像鱼肠。这些说法都没有根据。"乙"字构形本义,尚待进一步研究。

丙,"丙"字,于省吾指出其像物体的底座。葛亮进一步说明"丙"像是古代祭祀时盛放牺牲的一种器皿,称为"房",出土实物同"丙"字字形相近。

> 包山楚墓出土"房"侧视图①

丁,"丁"一般被视作"钉头"之"钉"的本字,假借为干支字。

---

① 葛亮:《古文字"丙"与古器物"房"》,《出土文献与古文字研究》第七辑,上海古籍出版社,2018年,第59页。

戊,"戊"像戈类长柄武器之形,其特点是刀刃处向内凹,假借为干支字。

己,罗振玉认为"己"字像"缴",即系在箭上的丝绳,假借为干支字。

庚,"庚"像一种乐器之形。甲骨文有"庸"字,写作"", 从庚,同声,"庸"即"镛"的初文,是一种打击乐器。"庸"以"庚"为义符,则"庚"亦为与之相近的乐器,假借为干支字。

辛,"辛"字下部尖锐,像凿子一类的刀具。"辛"可做一种砍伐工具,也可做刑具,施加刑罚,假借为干支字。

壬,"壬"字构形不明。林义光认为"壬"像古代纺织时所用的绕线工具,有待进一步考证。

第二编 甲骨文字——走进商代生活的钥匙

癸,"癸"字像相交的斜画上加四短线,构形不明,罗振玉等学者认为"癸"像三锋矛长柄武器。干支"癸"是假借而来的。

2. 十二地支

子,甲骨文中"子"有两种写法,第一种写作"𣎆",像襁褓中挥动双臂的婴儿,另一种写作"𣎆",像小儿正面之形,突出表现小儿向上的毛发。"子"表示干支,是一种假借的用法。干支"子"一般写作"𣎆",与其他用法相区别。

丑,像手爪之形,突出手上尖利的指甲,本义为"手爪",假借为干支字。

寅,"𣎆"为箭矢之形,本为"矢"字,因语音相近,假借为干支字。

卯,"卯"字像将物体从中对剖之形,本义与杀戮有关,在甲骨文中"卯"还可以表示杀死祭牲的一种方式。现在常见的姓氏"刘",其繁体写作"劉"。"劉"字从"卯","刘"的本义也指杀戮。《尔雅·释诂上》:"刘,杀也。""卯"字与"刘"古音相近。因此有学者称"卯"是"刘"的初文。"卯"用作干支字,亦是由于音近而假借。

辰,"辰"字像用于割除草木的农具之形,假借为干支字。

巳,"㠯"本为"子"字,像婴儿之形,假借为干支字。

午,"𠂇"本为"杵"的初文,即像舂米、捣衣、筑土等用的棒槌,下粗上细,假借为干支字。

未,其字近于"木",上为树杈,下为树根,像树木枝条繁盛之形,假借为干支字。

申,"𢑚"字本像闪电之形。"雷电"之"雷"写作"𩇓",即在"𢑚"字上加上表示雷声的"O"形。"申"假借为干支字。

第二编 甲骨文字——走进商代生活的钥匙

酉,"酉"本为商代一种常见的盛酒器,假借为干支字。

戌,"戌"为斧钺类长柄兵器,假借为干支字。

亥,"亥"字构形不明。旧称"亥"由表示"猪"的"豕"分化而来。"豕"写作" "，和"亥"的字形有很大的差别,因此此说可能有误。

十天干与十二地支一一相配,可以搭配出六十种情况。相配之干支如下:

1甲子	11甲戌	21甲申	31甲午	41甲辰	51甲寅
2乙丑	12乙亥	22乙酉	32乙未	42乙巳	52乙卯
3丙寅	13丙子	23丙戌	33丙申	43丙午	53丙辰
4丁卯	14丁丑	24丁亥	34丁酉	44丁未	54丁巳
5戊辰	15戊寅	25戊子	35戊戌	45戊申	55戊午
6己巳	16己卯	26己丑	36己亥	46己酉	56己未
7庚午	17庚辰	27庚寅	37庚子	47庚戌	57庚申
8辛未	18辛巳	28辛卯	38辛丑	48辛亥	58辛酉
9壬申	19壬午	29壬辰	39壬寅	49壬子	59壬戌
10癸酉	20癸未	30癸巳	40癸卯	50癸丑	60癸亥

晚期的甲骨文中常常有专门刻写干支表的刻辞。刻手以十天干和十二地支相配,按照顺序一一刻写,就如同我们现在所使用的日历。

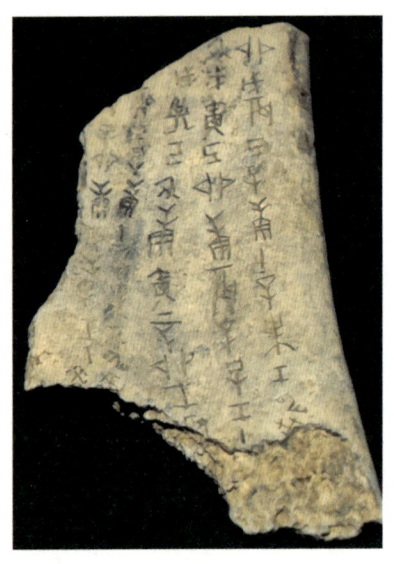

> 干支表刻辞甲骨(摄于国家典籍博物馆)

二十一、月份

月有阴晴圆缺。人们依据月相划分时间,有了"月"的概念。商人占卜,往往在卜辞后刻有月份。卜辞中的月份,一般用数目字加月来表达,刻写紧密,其中一月到十二月多见,十三月、十四月偶见。

第二编　甲骨文字——走进商代生活的钥匙

殷商时期已有平年和闰年之分,平年有十二个月,闰年为十三个月。但由于当时天文观测水平不稳定,对日月运行周期计算的精确度还不够,闰年有时会出现十四个月的现象。

一月	
二月	
三月	
四月	
五月	
六月	
七月	
八月	
九月	
十月	
十一月	
十二月	
十三月	
十四月	

十月之后的月份的表述比较特别。

十一月" "，又可以叫"十月又一""十月一"。

> 《合集》41847摹本

例:癸亥卜,贞:王旬无忧。在十月又一。(《合集》41847)

译文:癸亥日占卜,贞问:商王十天内不会有灾祸吧?时在十一月。

二十二、两季与纪年

1. 一年分两季

殷商时期,尚未形成四季的概念,仅有"春、秋"两季。人们对于季节的认识与农业生产生活密切相关。"春、秋"两季分别对应"麦季"和"禾季"。

春,甲骨文"春"字有多种形体,或繁或简。《说文》:"春,推

也。从草从日,草春时生也;屯声。"春日万物复苏,草木初生。"春"字以草木及日为义符,"屯"为声符。

>《合集》9660摹本

例:贞:来春不其受年。(《合集》9660)

译文:某日贞问:来年春天没有好收成吗?

秋,甲骨文像带翅的昆虫之形,或认为是蝗虫,假借以表示秋天。

例:□□,贞:王令毕今秋…壅乃奠。(《合集》32854)

译文:卜辞残缺,大意为某日占卜,贞问:商王要不要命令毕在今年秋天…在奠地进行平整土地、修筑田垄这样的农业活动呢?

2. 特别的"年"

"年"字像以人背禾之形,表示谷物成熟、收成颇丰的含义。

殷商时期出现了"年"这个词，但是与现代所说的"年"有差异，指一年的收成。卜辞中有"受年""有年"，都是用来祈求丰收的常用之语。凡此之"年"，皆非纪时，陈梦家认为"年"即"稔"，可能是指若干个收获季节。

卜辞中还有一个"岁（𣌭）"字，也不是用于纪年，不同于现在的年岁，大抵也与年成有关，指一个收获季节。粗略地看，一年可看作两岁。

例1：癸卯卜，大贞：今岁商受年。一月。（《合集》24427）

译文：癸卯日占卜，贞人大贞问：今岁，商会有好年成吧？时在一月。

例2：癸丑卜，贞：今岁受禾。引吉。在八月。唯王八祀。（《合集》37849）

译文：癸丑日占卜，贞问：今岁，禾类作物有好收成吗？大吉。时在八月。在王举行第八次周祭活动的那一年。

3. 与祭祀密切相关的纪年

殷商时期的纪年用"祀"。《尔雅·释天》言："夏曰岁，商曰祀，周曰年。"

祀，从示，巳声。示为神主牌位。"祀"义为祭祀。殷商时期祭祀祖先时采用"周祭制度"，即商王及商代王室按照确定好的祭祀谱，用翌、祭、𡔲、劦、肜五种祭祀形式轮番和周而复始地对祖先进行祭祀。周祭一遍的时间大约为360日，即为"一祀"，相当于现在的一年。甲骨文一般将纪月纪年辞刻记于辞末。周祭的次数具有纪年的作用，如"唯王二祀"是指王在位后所进行第二轮周祭的那一年。

例：癸未王卜，贞：酚肜日，自上甲至于多毓，卒，无害自忧。在四月。唯王二祀。（《合集》37836）

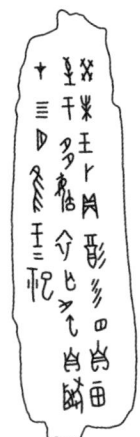
>《合集》37836摹本

译文：癸未日，商王亲自占卜，贞问：对从上甲起的多位祖先进行酚祭、肜日祭，完成之后，会不会有来自忧地的灾祸呢？时在四月，在王举行第二次周祭活动的那一年。

二十三、过去、现在与未来

商人已经有了成熟的时间观念，建立起了过去、现在与未来的时间坐标。

昔，甲骨文从日从"〰"，"〰"即汹涌的洪水之形，为"灾难"之"灾"的本字。叶玉森认为古人不忘昔日洪水之灾，故取表示洪水之字来造"昔"字。"昔"义为"往日、昔日"。

例：……昔侑祼在西。(《合集》8750)

译文：……昔日在西边进行侑祭和祼祭。

今，甲骨文"今"字从"亼"，下加一横画。"亼"为倒口之形。裘锡圭认为"今"字为"曰"字的倒写。曰字写作"曰"，表示"口发其言"，倒"曰"即"噤声不言"。由此，一般认为"今"表示"闭口不言"，是"吟"的初文。"今"假借为时间词，义为"如今、今日"。

例：甲辰卜，王：自今至己酉雨。允雨。(《合集》12964)

译文：甲辰日占卜，商王亲自贞问：从今天到己酉那天会下雨吗？其后验辞记录果然下雨了。

翼，甲骨文借作表示将来之日的时称"翌"。"翼"像虫或鸟的翼，即翅膀；后来增加了形符"日"，形成"翌"；增加了声符"立"，形成"翌"。翌，在卜辞中一般指第二天，但也指今后的某一天。据常玉芝统计，主要用来指九天以内的日期，尤其以五天以内居多。

例：贞：翌甲寅侑于上甲。七月。(《合集》8241 正)

译文：贞问：要在第二天甲寅日侑祭上甲吗？时在七月。

第二编 甲骨文字——走进商代生活的钥匙

219

>《合集》8241局部摹本

来,麦子之形,突出下垂的麦穗。"来"本是"麦"的本字,假借以表示"来去"之"来",表示时间指未来的某一天。

例:丁酉卜,何贞:今来辛丑勿燎,其酯。(《合集》30775)

译文:丁酉日占卜,贞人何贞问:之后的辛丑日不要进行烧燎之祭,要用酯祭吗?

生,像草木从地上生长之形。卜辞中见"生月"一词,表示下一个月。

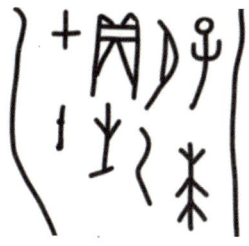

>《怀特》1575局部摹本

例：甲午贞：生月乙巳祷。(《怀特》1575)

译文：甲午日占卜,贞问：要在下个月的乙巳日进行祷祭吗?

二十四、从"个"到"万"的计数

现代汉字	甲骨文
一	一
二	二
三	三
四	亖
五	𠄡
六	介
七	十
八	八
九	九

第二编　甲骨文字——走进商代生活的钥匙

续表

现代汉字	甲骨文
十	＼
十一	上 ｜—
十二	｜=
十三	三 ｜三
十四	｜三
十五	Ⅹ｜
十六	｜∩
十七	｜十
十八	｜)(
十九	｜ち
二十	∪
三十	⋓
四十	⋓

续表

现代汉字	甲骨文
五十	𠄞
六十	介
七十	七
八十	八
九十	九
百	百
千	千
万	万

于省吾说:"我国古文字,当自纪数字开始,纪数字乃古文字中之原始字。"①甲骨文数字一到四,以相应数量的横画表示,与原始刻画符号一脉相承。自数字五起,为使识读更一目了然,由积画(笔画的累积)改为错画(笔画相交),只有数字九是例外。一般认为"九"本"肘"字象形初文,由于语音相同,假借表示数字九。

---

① 于省吾:《甲骨文字释林》,商务印书馆,2010年,第100页。

第二编　甲骨文字——走进商代生活的钥匙

十以上的数字一般由两个数目字并列表示,如"1三",即"十"和"四"两个字并列而放,表示"十四"。十的五倍以上的数字则置倍数于十之下,用合文(合文指原本应该分开来写的两个或多个字,合写在一起)来表示,如"𠄡"上为数字"十",下为数字"五",合起来表示"五十"。

百,"白"字上加指事符号"∧","白"亦为声符。在"白"上加一横表示"一百",加两横𦣻表示"二百"。"三百"为𦣻,"五百"为𦣻,依此类推。

例:雀入龟五百。(《合集》9774反)

译文:雀进献五百个龟甲。

千,"人"字下部加指事符号"一","人"亦为声符。在人字下部加一横千为"一千",加两横千为"二千",依此类推,在人字下部加区为"五千千",六千起则加在人字上部,如"千"。

例:贞:登人三千呼伐舌方,受有佑。(《合集》6168)

译文:贞问:征集三千人派去讨伐舌方,会受到保佑吗?

万,像蝎子之形,本义为"蝎子",在卜辞中假借为"万"

("萬"的简体)。在蝎子的尾部加横线,即为几万的合文,如"🦂",在蝎子尾部加三横,就表示"三万"。

例:辛巳卜,㱿贞:共妇好三千,登旅万,呼伐囗方,受[有佑]。(《英藏》150正)

译文:辛巳日占卜,贞人㱿贞问:为妇好征集三千人,为军队征集一万人,使他们去征伐囗方(敌对方国),会受到保佑吗?